取而为丛书名。“蓬莱阁丛书”推出后风行海内，为无数学子涉猎学术提供了阶梯。今推出“蓬莱阁典藏系列”，萃取“蓬莱阁丛书”之精华，希望大师的经典之作与专家的精赅之论珠联璧合，继续帮助读者理解中国传统学术的发展与大师的治学风范。

中国近代史

蒋廷黻／撰
沈渭滨／导读

蓬莱阁典藏系列

上海古籍出版社

图书在版编目(CIP)数据

中国近代史 / 蒋廷黻撰;沈渭滨导读. —上海:
上海古籍出版社，2019.5（2023.12 重印）
(蓬莱阁典藏系列)
ISBN 978-7-5325-8897-8

Ⅰ.①中… Ⅱ.①蒋… ②沈… Ⅲ.①中国历史—近
代史 Ⅳ.①K25

中国版本图书馆 CIP 数据核字(2018)第 133928 号

蓬莱阁典藏系列
中国近代史
蒋廷黻 撰 沈渭滨 导读

上海古籍出版社 出版、发行
(上海市闵行区号景路 159 弄 1-5 号 A 座 5F 邮政编码 201101)
(1) 地址：www.guji.com.cn
(2) E-mail：guji1@guji.com.cn
(3) 易文网网址：www.ewen.co

印 刷 苏州市越洋印刷有限公司
开 本 787×1092 1/32
印 张 7.625
插 页 5
字 数 108,000
版 次 2019 年 5 月第 1 版 2023 年 12 月第 8 次印刷
ISBN 978-7-5325-8897-8/K·2507
定 价 33.00 元

如有质量问题，请与承印公司联系

出版说明

中国传统学术发展到晚清民国，进入一个关键的转折时期。面对“数千年未有之变局”，旧传统与新思想无时不在激荡中融汇，学术也因而别开生面。士人的眼界既开，学殖又厚，遂有一批大师级学者与经典性著作涌现。这批大师级学者在大变局中深刻反思，跳出旧传统的窠臼，拥抱新思想的精粹，故其成就者大。本社以此时期的大师级学者经典性著作具有开创性，遂延请当今著名专家为之撰写导读，希冀借助之专家，诠释昔之大师，以引导读者理解其学术源流、文化景等。是以本社编有“蓬莱阁丛书”，其意以为汉人将庋籍的馆阁比作道家蓬莱山，后世遂称藏书阁为“蓬莱阁”

中国近代史

蒋廷黻／撰
沈渭滨／导读

蓬莱阁典藏系列

上海古籍出版社

图书在版编目(CIP)数据
中国近代史 / 蒋廷黻撰;沈渭滨导读. —上海:
上海古籍出版社, 2019.5（2023.12 重印）
(蓬莱阁典藏系列)
ISBN 978-7-5325-8897-8

Ⅰ.①中… Ⅱ.①蒋… ②沈… Ⅲ.①中国历史—近代史 Ⅳ.①K25

中国版本图书馆 CIP 数据核字(2018)第 133928 号

蓬莱阁典藏系列
中国近代史
蒋廷黻 撰　沈渭滨 导读

上海古籍出版社　出版、发行
（上海市闵行区号景路 159 弄 1-5 号 A 座 5F　邮政编码 201101）
(1) 地址: www.guji.com.cn
(2) E-mail: guji1@guji.com.cn
(3) 易文网网址: www.ewen.co

印　刷 苏州市越洋印刷有限公司
开　本 787×1092　1/32
印　张 7.625
插　页 5
字　数 108,000
版　次 2019 年 5 月第 1 版　2023 年 12 月第 8 次印刷
ISBN 978-7-5325-8897-8/K·2507
定　价 33.00 元

出版说明

中国传统学术发展到晚清民国，进入一个关键的转折时期。面对“数千年未有之变局”，旧传统与新思想无时不在激荡中融汇，学术也因而别开生面。士人的眼界既开，学殖又厚，遂有一批大师级学者与经典性著作涌现。这批大师级学者在大变局中深刻反思，跳出旧传统的窠臼，拥抱新思想的精粹，故其成就者大。本社以此时期的大师级学者经典性著作具有开创性，遂延请当今著名专家为之撰写导读，希冀借助今之专家，诠释昔之大师，以引导读者理解其学术源流、文化背景等。是以本社编有“蓬莱阁丛书”，其意以为汉人将皮藏要籍的馆阁比作道家蓬莱山，后世遂称藏书阁为“蓬莱阁”，因借取而为丛书名。“蓬莱阁丛书”推出后风行海内，为无数学子涉猎学术提供了阶梯。今推出“蓬莱阁典藏系列”，萃取“蓬莱阁丛书”之精华，希望大师的经典之作与专家的精赅之论珠联璧合，继续帮助读者理解中国传统学术的发展与大师的治学风范。

目录

蒋廷黻《中国近代史》导读

——兼论近代通史体系的推陈出新

沈渭滨

现在的青年人，对蒋廷黻这个名字，恐怕大多数是很陌生了。可是在新中国成立前，无论在学界还是政界，他都享有很高的知名度。在学界，他是著名的历史学家，先后做过南开大学历史学教授、清华大学历史系主任，以主张史学改革著称于时；在政界，他是著名的外交家，先后出任国民党政府行政院政务处长、驻苏联大使、驻联合国常任代表，1949 年后又一度作为台湾当局驻美"大使"。在国民党政府的官僚群中，以"知外交"闻名于世。

作为政治家，他是当时"书生从政"的代表人物之一，主张以所学为国家所用。在国共两党斗争中，尽管站在国民党政府立场，并在联合国中阻挠和反对恢复中华人民共和国的合法席位，但至死都不愿加入国民党，还经常批评当局的政略失当和政治腐败；作为学者，他是当时公认的中国近代外交史专家和这一研究领域的开拓者。他从治外交史扩及中国近代史，写出了若干很有分量的专题论文。他一生治学严谨，著作不多。其中流传最广、影响最大的，反而不是花了极大精力辑录的《近代中国外交史资料辑要》[①]，而是这本仅五万余字的《中国近代史》。

这本薄薄的小册子，不仅奠定了他在近代史领域中的学术地位，而且因其折射出他那一代受过西方高等教育和西潮影响的学人，在思考国家前途、民族命运、社会进步时的普遍心态而受世人瞩目。

蒋廷黻有过长期的从政经历，他的历史观不可避免受到他的政治倾向影响。所以这本著作在解放后曾多遭非议。但是，学术与政治毕竟是两回事。诚如陈旭麓师在此书被湖南岳麓书社辑入《旧籍新刊》时写的《重印前言》里所说：重印的宗旨在于“存史存文”，“存其文而原其人，不以其人的政治立场而抹杀其学术的成就，也不因今天的需要而去涂改前人的文字”[②]。现在，“存其文”已经做到，“原其人”则有待努力。考虑到大家对蒋廷黻知之不多，这篇“导读”就多写点蒋廷黻其人；进而论蒋廷黻其书的学术价值和学术影响，以有助于大家“知人论世”；第三部分，从近代通史体系的发展变化角度，进一步说明蒋著《中国近代史》的学术地位和近代通史的研究现状，以加深对蒋廷黻学术成就的理解。

一、蒋廷黻其人

1　留美洋博士

蒋廷黻，湖南宝庆（今邵阳）人。1895 年（清光绪二十一年）出生于一户薄有田产的农家。1965 年病逝于纽约，享年 70 岁。

蒋家从他的祖父时代起，就务农兼经商，在靖港开了一家经营铁器的店铺，由他的父亲和二伯父轮流看管[③]。祖父死后，留下一个店铺和 12 亩田地。三个儿子连同老娘各分得三亩，店铺则由三兄弟各占一份[④]。由于他的大伯父是个抽鸦片的瘾君子[5],所以靖港的店铺仍由他的父亲和二伯父轮流掌管。

蒋廷黻说他的父亲"很有经商的天才,而且是一位民间领袖",晚年做过靖港的商会会长,在家乡常为邻居"排难解纷"[6]。但对蒋廷黻早年人生历程影响更大的,则是他的二伯父。如果没有二伯父决心要他"努力读书,求取功名",那么他早已被父亲弄到店里去当学徒了[7]。

蒋廷黻的母亲姓熊,外祖父是个穷秀才。母亲在他 6 岁时患病去世。不久,父亲续弦。据蒋廷黻说,继母对他和哥哥"照顾的无微不至",是位好主妇、好母亲[8]。他幼年失怙,父亲又常年在外,有个好继母照料,也算是不幸中的万幸。

蒋廷黻 4 岁发蒙,由私人教师教读[9]。6 岁起入私塾接受旧式教育。10 岁那年,即 1905 年(光绪三十一年)清政府停止科举取仕制度。二伯父决定让侄子进新式学堂[10]。1906 年初,11 岁的蒋廷黻到省城长沙明德小学读书,一学期后,又被二伯父安排到美国长老会在湘潭办的教会学校益智学堂,开始接触新学,学习英文。1911 年(宣统三年),因辛亥革命爆发,益智停办而辍学。最后一学年,他接受洗礼,成了一名基督徒[11]。

在教会学校那几年,正是晚清政局动荡、新潮勃发的年代。湖南虽属内地,却颇得风气之先。立宪请愿、收回利权、新政办学、派遣留学生,都搞得轰轰烈烈,甚至民主革命思想也通过新式书报不胫而走[12]。蒋廷黻身处其间,又在美国人办的学堂里读书,耳闻目染,便有了探求新知、赴美留学的打算。1912 年,他在征得益智学堂校长太太,也是他的英文、历史教师林格尔夫人同意之后[13],凑了点钱,就只身到美国去了[14]。这一年他 17 岁。

到美国后,因为带的钱不多,便进了密苏里的一所半工半读的派克学堂(Park Academy, Parkville, Missouri)读中学。1913 年,获得湖南省官费。他把哥哥也弄到了派克学堂,兄弟俩仍靠半工半读维持。1914 年蒋廷黻中学毕业。将近三年的半工半读生涯,不仅使他锻炼了意志和强壮了身体[15],而且使初到美国的他,对美国人民在他大病时所给予的真诚关怀终生难忘[16]。

1914—1918年，蒋廷黻在俄亥俄州的欧伯林学院(Oberlin College, Oberlin, Ohio)度过了他的大学时代。蒋廷黻在大学里主修历史学，同时也选读多门自然科学课程[17]。当时，他已对祖国国内的军阀纷争和混战所引起的各种问题产生了探究欲，希望通过历史课的学习，获得"将来在中国从事政治工作"的知识和经验[18]。由于历史系的教学枯燥乏味、课程内容无法满足他的需求，他在课外阅读了许多德国史和意大利史的著作，对俾斯麦、加富尔、马志尼、加里波第等德、意政治家由衷地景仰[19]。这对他日后希望中国摆脱中世纪状态，努力建设成一个民族国家的社会政治史观的确立，有重要影响。

大学时代，蒋廷黻接受了严格的科学方法训练。自然学科的教授不要求学生死记硬背教科书的条文，要他们学会观察事实；研究报告一定要做到观察仔细，结论客观[20]。这种训练使他终身受用。后来他从事历史研究时，坚持从史料中得出结论，凭史料说话；从政后，也极重视实际观察，不少问题表现了独立识见。

欧伯林学院的宗教气氛十分浓重。蒋廷黻虽然是个基督徒，但他和其他中国留学生一样，对美国教会丑化中国人十分反感[21]。基于民族自尊的爱国情感，使他“对整个教会活动感到怀疑”，甚至认为传教是“十足的精神侵略”[22]。所以，在整个大学时代乃至日后的行动中，他只把信仰作为一种精神慰藉，并不执着于宗教教义的追求和宗教仪式上的顶礼膜拜。他坚信“中国不会变成一个基督教国家”[23]，只有科学技术才能救中国。因此，他在中国留学生中，力主用科学技术为祖国服务的观点[24]。

蒋廷黻的大学时代，恰与第一次世界大战相始终。战争期间，他的立场是“亲西方”的。他站在协约国一边，对美国威尔逊总统关于战后国际关系中民族自决、国无大小强弱一律平等、战胜国不要求割地赔款等的十四点宣言，十分赞赏。他说“威尔逊总统所说的每一个字，我都信以为真”[25]。直到后来“巴黎和会”议决将德国在山东的权利转让给日本时，他在吃惊之余，对威尔逊有了怀疑[26]。不过，他怀疑威尔逊而不怀疑美国政府[27]，他的亲西方倾向并不因威尔逊背叛诺言而破解。

1918 年蒋廷黻大学毕业，获文学士学位。毕业后，他立即应基督教青年会征召，到法国去为在法军中服役的大批华工服务[28]。期间，还经常与巴黎和会的中国代表团成员保持接触，“分担他们的忧虑和失望”，思考代表团拒绝和约将对国内学运、政情产生的影响[29]。他的亲西方倾向没有泯减他对国家和民族命运的关怀。

1919 年夏季，蒋廷黻从巴黎重返美国，进入哥伦比亚大学研究院攻读博士学位。

进哥大之初，他想做个能左右中国政坛的新闻界大亨，所以进了新闻学院。不久，觉得要左右政坛必须懂得政治，便进政治研究所改修政治学。最后，认为政治学科所讲的政治只是理论而非实际的，“欲想获得真正的政治知识只有从历史方面下手”，于是又转为专攻历史，主修历史学[30]，师从著名的政治社会史教授卡尔顿·海斯(Carlton J. H. Hayes)。

海斯是美国“新史学”倡导者詹姆斯·鲁滨逊(James H. Robinson)[31]的弟子，而哥伦比亚大学正是美国“新史学”派的中心。鲁滨逊在哥大执教长达25年,弟子及再传弟子遍布美国各个大学,其中如毕尔德、绍特威尔、巴恩斯、海斯、穆恩、桑戴克等,都是20世纪上半叶美国史学界的知名人物。这个学派以实证主义哲学为思想基础,重视史学的社会功能与实用价值,主张史学革命。他们认为人类以往的一切活动都应包含在历史研究的范围之内,历史学是一门内容极其广泛的学问,因此必须对旧史学只讲王朝兴替、军事征战、外交阴谋乃至宫闱丑闻等局限于政治史的传统进行无情挑战;历史发展不只是政治因素一种动因,而是有着经济的、地理的、文化的、社会心理的诸多因素的运动,因此历史学家必须注意史学与其他学科之间的联系,作综合性多科性研究;历史是一个持续的、进化的、发展的过程,因此历史学家应该用达尔文的进化论观点去观察与研究历史,这是"新史学"的"基石";历史的功能在于了解过去、服务现在、推测未来,因此历史著作应注意历史教育的普及,力求写得既内容丰富、又明白晓畅,以达到历史所产生的最大效应[32]。

蒋廷黻在哥大的四年研究中,不仅受到了"新史学"的熏染，而且直接受到了导师海斯教授的影响。

从蒋廷黻后来的研究实践看，他接受了作为“新史学”基石的进化史观，注意于“新史学”强调的史学垂训功能和历史教育的普及。他所写的这本《中国近代史》，就是以进化史观为指导，以“经世致用”为主旨，明白晓畅、通俗易懂，在社会上产生了广泛影响，对近代史知识的普及起了重要作用。

他的导师海斯，当时在哥大主讲“欧洲近代政治社会史”并致力于“族国主义”研究。海斯教授这门课，强调工业革命对欧洲社会发展所起的巨大作用，主张在工业革命后使用近代机器生产的社会里，国家应该而且必须对生产进行干预而不应放任；放任主义在工业革命后已经完全不适用。要干预就需要社会立法。海斯认为德国俾斯麦和后来英国的劳合·乔治有关社会的立法，是顺应时代潮流而且非常高明的[33]。这对蒋廷黻有很大启发。后来他在中国近代史研究中一再强调使用机器生产对近代化所起的作用，并对洋务运动作了积极评价。

所谓“族国主义”[34]，就是关于民族主义和民族国家的理论。第一次世界大战后，兴起了殖民地、半殖民地国家的民族解放运动。这一趋向，成了注重史学社会功能的美国“新史学”派史学家研究的时髦课题。他们探究这类国家所揭橥的民族主义是怎样的一种理论构架，采用什么方法争取民族独立，独立后用什么方法治理国家，对世界原有的政治格局将会产生什么影响？蒋廷黻作为海斯的学生，又是来自被帝国主义奴役的中国，对这一历史动向和海斯的研究工作，自然有所感悟与兴趣。后来，他在这本《中国近代史》的“总论”里，把中国能否走出“中古”状态，建立“近代的民族国家”，作为全书的立论主题，显然渊源于此。他写道：

近百年的中华民族根本只有一个问题，那就是：中国人能近代化吗？能赶上西洋人吗？能利用科学和机械吗？能废除我们家族和家乡观念而组织一个近代的民族国家吗？能的话，我们民族的前途是光明的；不能的话，我们这个民族是没有前途的。[35]

很明显，这一历史观正是他从导师那儿得到的感悟。后来，他还十分注意日本、俄国、土耳其的近代化历史，尤其是土耳其的民族复兴[36]，这也与他在哥大研究院受到的训练有关。

研究近代化与近代民族国家的关系，势必要研究帝国主义政策。蒋廷黻在海斯和沙费尔德(William R. Shepherd)教授的启示下，选择当时欧洲最主要的帝国主义英国作为研究对象，重点放在反对传统帝国主义政策的英国工党的外交政策研究上。他以《劳工与帝国：关于英国工党特别是工党国会议员对于1880年以后英国帝国主义的反应的研究》作为博士论文[37]，于1923年获得哲学博士学位。这一年他28岁。

从17岁到28岁，蒋廷黻在美国生活了11年。他由一个农村小学生成了一名洋博士，可谓学业有成。毕业那年，他的博士论文照例由哥大出版社出版发行[38]，而那年又恰巧是以麦克唐纳为领袖的英国工党第一次组阁，不啻为他的这部学术著作提供了应时之需的销售契机。遗憾的是被他看好的英国工党，上台后丝毫没有放弃帝国主义政策[39]。他的研究与实际政局走向并不相符，就像他日后观察和分析国共两党斗争时看好蒋介石和国民党而犯错误的一次预演[40]。

11年的美国生活，无论在思想上、生活方式上都使他美国化了。他受到当时正在美国流行的自由主义思潮的影响，向往美国式的自由民主；他从小学到大学都在教会学校读书，把宗教信仰视为健全精神生活的慰藉；他崇尚美国的生活方式，像大多数美国人一样几乎不看纯文学作品；他能讲一口流利而略带乡音的英语，但讲起国语来却满口是浓重的湖南官话，以致后来他做常驻联合国代表时因发言常用英语而遭到时人的批评[41]。尽管如此他并没有忘记祖国。1921年他在哥大研究院时，适逢九国会议在华盛顿召开，留美学生组织"中国留美学生华盛顿会议后援会"，以"五四"时期的口号"外争国权，内除国贼"为宗旨[42]，积极活动。蒋廷黻即是后援会英文刊物的编辑，是活跃分子[43]。在声援中国代表团的活动中，他结识了同是后援会成员的唐玉瑞小姐，两人相恋，到1923年蒋廷黻博士毕业、归国前夕结婚[44]。

博士头衔，新婚燕尔。28岁的他，春风得意，踌躇满志。哥伦比亚大学送走了这个"新史学"的中国信徒，中国史学界迎来了一位新潮学者。

2 新潮史学家

1923年，蒋廷黻携眷回国后，应北方著名高等学府南开大学之聘，出任历史教授。他在南开任教六年，心思和精力全用在学问上。首先，他深知自己从小在教会学校读书，国学基础很差，必须先充实自己。为此，他从重读《四书五经》开始，进而研读《资治通鉴》和诗词、文章[45]。

其次，他在教学之余，开始研究中国近代外交史。他对外交史的兴趣，在哥大做研究时就已养成。到南开后，他开设了中国近代外交史这门课。当时，有关中国外交的权威著作是美国人马士（Hosea B. Morse）所著的《中华帝国对外关系史》三卷本[46]。这部书是根据英国蓝皮书和美国对外关系文件写成的，就英、美两方资料说，马士是无懈可击的。但事实上仅凭两国资料是写不出头等的中国外交史著作的，因此，马士的观点是片面的。他对近代开端时期参与两次鸦片战争谈判的中国对外交涉人员和清政府对外政策的演变，描述是模糊不清的，对制约中国外交活动的各种政治和社会因素更缺乏深入研究；而且马士很少使用中国政府的官方材料。许多问题，例如中国对外交涉官员当时对和谈的看法如何？他们提出过意见吗？十九世纪中国的外交观点怎样？这些问题蒋廷黻在南开上课时就已感到困惑[47]。于是他决心根据中国的书面材料和中国社会的实际来研究近代中国外交史。

研究工作的第一步是收集和鉴别有关史料。蒋廷黻在哥大研究院时受到过历史研究方法的严格训练，懂得怎样判别资料，怎样选编[48]，所以他在南开的六年中，以极大精力收集和研究外交文献，后来他辑录的《近代中国外交史资料辑要》一书，就是在南开时奠定基础的。这项研究，在当时是开拓性的，虽然在他之前有人写过外交史[49]，但从未有人像他那样从基础工作做起。陈之迈在他所写的蒋廷黻传记中提到过北方的学风背景说："北方几个大学的学风已由西方学术的介绍转变而为用科学方法研究中国问题，许多方面都是新创的，廷黻对外交史的研究也是方面之一。"[50]可见蒋廷黻这项研究，实际上是开创了一门新的历史学分支学科。可以说，中国之有中国近代外交史，实在是从蒋廷黻开始的。他自己也说："研究外交文献六年使我成了这方面的专家。"[51]

历史学家不仅要研究文献、懂得过去，而且还要了解国情和研究社会，懂得现在，才能有睿知卓识，推见未来。蒋廷黻自小去国，对社会和国情知之甚少。为此，他利用假期和讲学的机会，到北平、上海、杭州、南京、东北、西安等地参观访问，作实地考察研究。这一系列访问，不仅使他感受到了先进和落后的差距之大，历史与现实的矛盾之深，而且使他认识到中华民族的凝聚力中，文化意识的浓厚和种族观念的淡泊是极为有利而且重要的两个因素[52]。

南开大学的六年，蒋廷黻开始在中国史学界显露头角，但更大的发展，则在进入清华任教之后。

1929 年 5 月，清华大学校长罗家伦聘请蒋廷黻担任历史系主任。蒋廷黻欣然应聘，一到该年夏季与南开聘约结束，便束装北上，践约赴任。

罗家伦是蒋廷黻在哥大研究院时的校友，也是"中国留美学生华盛顿会议后援会"的发起者和组织者，和蒋廷黻认识较早，相知甚深。1926 年回国后参加过北伐战争，南京国民党政府成立后，于 1928 年将清华大学改为国立[53]，任命罗家伦为国立清华大学校长。罗上任伊始，即以建设清华“为中国现代化的第一流大学，俾与世界先进大学抗衡为职志”[54]，进行大刀阔斧的改革。首先是聘请教授、尤其是学院院长和系主任时不徇私情，专重学问、才能；其次是终止清华作为留美预备学校的功能，将之改造为男女同校、提供四年正规课程教育的多科性综合大学；再次是使清华脱离原由外交部和教育部联合监管的体制，改由教育部直辖；同时加强校舍和教学设备的建设[55]。在这样的背景下，罗家伦选聘蒋廷黻为历史系主任，蒋未到任之前，由罗兼任。

蒋廷黻于 1929 年夏季担任清华大学历史系主任、历史学教授后，立即发现清华在人文科学和社会科学方面缺乏能开中国自己课程的教授。他们可以照搬美国大学的课程，却很难开设有关中国国情和社会演变的课程。例如教政治思想史的，可以从古代的柏拉图讲到当代的拉斯基，但没有人能讲授中国政治思想的演变史。历史系也有类似情况。留美归来的教授没有从美国学到中国历史；老教授大都是断代史或是某一种古籍的专家，他们对版本或训诂可以有很多真知灼见，但对中国历史发展的整体和趋势则没有多少见识。他认为这是“治史书而非治历史”，是一种落伍的研究方法，不能再继续下去[56]。为此，他在尊重老学者的同时，引进一批年轻教授，给他们两三年时间准备开一门新课，提供参考书和配备助理人员[57]。在他的努力下，清华历史系逐步配备了较强的阵营：由雷海宗主中国通史和古代史、陈寅恪主隋唐史、姚从吾及邵循正主元史、吴晗主明史、萧一山主清史（北大教授、兼任）、刘寿民及张贵永主西洋史、王信忠主日本史、葛邦福（俄国人）主俄国史，蒋廷黻自己则主讲近代史和近代外交史[58]。同时规定学生可以兼修旁系各科。显然，经过他的改革，这个阵营确是全国一流的。

蒋廷黻主持历史系时，十分注意发现人才、培养人才。原则上，他并不鼓励学生读历史，因为历史系毕业后出路很窄，即使可到中学教书，待遇既低，又无图书资料，容易荒废专业。所以他对申请读历史系的学生总是提醒他们“读历史一定会受穷很久”;“研究历史除非发现真伪,不会成名”[59]。但当他一旦发现优秀青年,他都鼓励他们进清华研究院,研究中国学者一向忽略的问题。在30年代,中国尚无日本史、苏联史、蒙古史、泰国史和越南史的专家。当他发现一个青年可以研究上述某一国历史时,他就说服他们去清华研究院学习相关语言。成绩优秀者,就设法推荐他到国外去深造。例如他鼓励王信忠学日本史并推荐其去东京帝国大学研究日本史,二年后回到清华,聘为讲师;又如朱谦之研究苏联史而去英国学斯拉夫语;邵循正在清华毕业后准备研究蒙古史而到巴黎学习波斯和阿拉伯语[60]等。当时,蒋廷黻已经是清华校务委员会的评议员。他对学校建设、学科改革、推荐和选派学生出国深造等学校大计,有充分的发言权[61]。

在清华任教期间,蒋廷黻自己的研究工作也取得了长足的进展。在中国近代外交史方面,他继续在南开大学时已奠定基础的资料搜集和鉴别工作,并把搜集范围扩大到近代史领域[62]。经过苦心孤诣的不懈搜求和严谨缜密的鉴别编排,终于完成并出版了《近代中国外交史资料辑要》两卷。上卷辑录1822—1861年间(道光二年至咸丰十一年)外交文献259种(篇),中卷辑录1861—1895年(咸丰十一年至光绪二十一年)外交文献540种(篇),两卷共计799种(篇),是当时中国第一部编审精当、卷帙浩繁的外交史专题资料集。在编辑资料的基础上,他发表了一批有独识、有分量的学术论文,如《评〈清史稿·邦交志〉》(《北海图书月刊》二卷六期,1929年)、《琦善与鸦片战争》(《清华学报》六卷三期,1931年)、《最近三百年东北外患史》(《清华学报》八卷一期,1932年)等,在学术界引起了巨大反响。其中特别是《琦善与鸦片战争》一文,用官方资料证明,琦善到广东后并未撤防,在军事方面虽无可称赞亦无可责备,在外交方面则审察中外强弱形势和权衡利害轻重,"实在是超越时人";林则徐被罢黜,是林的终身大幸事而中国国运的大不幸。"林不去,则必战,战则必败,败则他的声名或与叶名琛相等。但林败则中国会速和,速和则损失可减少,是中国的维新或可提早二十年。"[63]此文一出,犹如一石入水,涟漪千圈。赞成者有之,反对者或认为他太偏向清政府,或说他居然去批评传统上已经被承认的英雄人物,实属无礼之举[64]。

尽管各方反应不一，但他作为中国近代外交史专家的学术地位，则是众所公认、无可动摇的。

学术研究犹如着纸的墨点有渗化效应，由点及面，层层拓展。他从外交史研究中越来越感到许多问题若仅局限于外交一点很难说清说透，必需追溯到民族性、社会心态，乃至社会组织、经济变化，这就促使他对自鸦片战争以来中国近百年历史的整体思考。在中国史学界研究中国近代史还处于初生婴儿阶段时，这一悟性对蒋廷黻来说，无疑是“够刺激”的。他说：“可以说我是发现一个新大陆——中国近代史。”[65] 从此，他把写一部有权威性的中国近代史，作为一生最大的志愿[66]。可惜，后来他从政做官，没有时间和精力完成这项计划。但此事一直是他魂牵梦萦之所在，1965 年他从官场退下后，还计划到台北中研院近代史所继续研究[67]。不幸就在这一年，病魔夺去了他的生命，一生最大愿望竟成了终身遗憾。

3　倡办《独立评论》

蒋廷黻在清华执教的第三年即 1931 年，发生了震惊中外的“九一八”事变。日本的侵略激起国人的极大民族义愤，抗战呼声响彻大江南北。

“九一八”事变后，蒋廷黻经常在饭后与清华一批教授到北院7号叶企孙和陈岱荪家里议论和战问题[68]。大家都主战，只有他一个主和[69]。他对日本侵略一是不怕，认为从长远的观点看，日本的强大只是暂时现象，时间对中国有利[70]；二是认为“九一八”事变只是日本占夺东北的地方性事件。早在事变前他就曾通过对东北的实地考察，深知东北对中日两国都极有战略价值。“东北问题不易解决”，除非双方都以小心、谨慎的方式处理争端，否则就会“发生巨变”[71]；三是主张利用日本在事变前就已流露的希望通过谈判方式解决东北问题的意向，与日本作外交谈判以争取和平[72]。所以他不持主战言论，不主张对日作战。其实，蒋廷黻的认识纯属书生之见。他虽是东北问题专家，但事态的发展却无情地击灭了他把“九一八”事变视为地方性事件的迂腐理解。日军占领东北后，立刻向平津地区渗透，关内顷刻笼罩在侵略战争的阴云之下。面对这一不争的事实，蒋廷黻开始从主和逐步转为备战。他说：

"我也不敢相信和平可以廉价取得，我和他们都主张从速准备，以应付可能发生的战争。"[73]又说："欲想获得和平，保持和平，必须要中日双方努力才能有效，但现在日本方面要侵略，因此，我们也只有渐渐转而主张备战了。"[74]

当时，北京大学和清华大学一批留学英美的自由主义知识分子，目击时艰，"都受到了很大的刺激，都感觉到除了教书和研究以外，应该替国家多作点事"[75]。然而书生报国唯有笔，蒋廷黻想到了办刊物，"讨论并提出中国面对的问题"。在清华俱乐部举行的一次晚餐会上，在座的胡适、丁文江、傅斯年、翁文灏、陶孟和、任鸿隽、任夫人陈衡哲、张奚若和吴宪等人提议办一个周刊，"以尽知识分子在国难时期所能尽的责任"[76]。此提议先遭深知办刊之难的陶孟和、胡适的反对，后在丁文江支持下，几经讨论，终于在经费、出版、管理等方面达成共识[77]。刊物由胡适提议叫《独立评论》，编委三人：胡适总其事，蒋廷黻、丁文江助其成。

《独立评论》于 1932 年 5 月 22 日出版发行，它的宗旨在第一号"引言"中说得很明白：

我们八九个朋友在这几个月中，常常聚会讨论国家和社会的问题，有时辩论很激烈，有时候议论居然颇一致。我们都不期望有完全一致的主张，只期望各人根据自己的知识，用公平的态度，来研究中国当前的问题。所以尽管有激烈的辩争，我们总觉得这种讨论是有益的。

我们现在发起这个刊物，想把我们几个人的意见随时公布出来，做一种引子，引起社会上的注意和讨论。我们对读者的期望，和我们对自己的期望一样，也不希望得着一致的同情，只希望得着一些公心的，根据事实的批评与讨论。

我们叫这刊物做《独立评论》，因为我们都希望永远保持一点独立的精神，不倚傍任何党派，不迷信任何成见，用负责任的言论来发表我们各人思考的结果：这是独立的精神。[78]

显然，《独立评论》是当时在北京的一批自由主义学人评论时政及相关问题的刊物。它没有党派背景，标榜独立精神，言论不求一律，主张用公心、事实和负责的态度平等地讨论问题。从《引言》中看，它虽由八九个学者所发起，但不是同人刊物,他们只是"引子",目的是引起社会上对时政及相关问题的讨论。这份刊物自1932年出刊以后,持续约五年,到1937年因抗战爆发而停刊,每周一期,共出244期,发表了1309篇文章,其中55%是编辑部以外的文章。内容涉及政治、经济、外交、历史、文化、教育等诸多方面,但大多数是时论,也有书评、译稿和游记。

《独立评论》的主要撰稿人除胡适、蒋廷黻、丁文江三位编辑外,还有傅斯年、翁文灏、吴景超、任叔永、陈衡哲、陶孟和、吴宪、姚森、杨振声、朱经农、陶希圣等人。他们的政治主张并不一致,经常有激烈争论。如对日本的侵略,胡适、蒋廷黻主张尽可能避免战争,丁文江支持胡适的观点,甚至比胡的主张更极端,认为可以效法苏俄列宁在1918年与德国签订《布列斯特和约》的办法,争取和平的时间,但傅斯年却反对胡适主张;又如在国家统一问题上,蒋廷黻和丁文江都赞同实行武力统一和开明独裁,而胡适则主张开放民治、实行宪政的好人政府。尽管有争论但并不妨碍他们公平讨论,各抒己见,把"谨慎'无所苟'的态度"——《独立评论》的根本态度——"看作我们的宗教一样”[79]。

《独立评论》出版后，在大学生、公务员、开明绅商乃至青年军官中影响很大，发行数量不断上升，从第一期两千本到第二期三千本，一年后上升到八千本，两年内达到一万五千本[80]。不仅解决了创刊时的经费困难，而且成了舆论方面的著名刊物，备受朝野关注。

蒋廷黻作为《独立评论》的三人编委之一，始终对刊物倾注了极大的热情。在主编胡适偶然离京时，由他代理编务[81]。编辑之余，他自己也在《独立评论》上发表了大量文章。其中政论方面，主要集中在对日、对苏外交上，尤其关心苏联对中日冲突所采取的态度。他不同意时人认为苏联将会支持中国抗日的观点而认为这个信念全无把握，他从历史与现实的关系考察，觉得苏联的远东政策将是采取对日妥协的策略以减轻日本对苏的威胁而无后顾之忧[82]。这一看法，揆诸 1932—1935 年间苏联的远东政策，应该说是很具卓识的。苏联是在 1937 年中日大战全面爆发后，才改变对日策略，8 月 21 日与南京政府签订《中苏互不侵犯条约》，并在军事上、财政上予中国以援助。

在内政方面，蒋廷黻主张效法土耳其由凯末尔领导的革新运动，首先要有一个统一的、强有力的、具有高度工作效率的中央政府，“能维持全国的大治安，换句话说能取缔内战及内乱”，中央号令各省必需遵守，“换句话说，全国必须承认它是中央”[83]。由此，他主张开明独裁而不同意胡适对自由议会政府的天真想法[84]。其次，这样的中央政府应在发展经济方面立即采取行动。他认为中国人的贫困是个迫切需要解决的问题，“经济应该先于政治”，“而无需等待中国政治的民主”。由此，他批评胡适忽略经济问题的重要性，指出在经济方面有两件工作要做，一是利用科学和技术从事生产和运输，二是社会化或公平地分配财富。他说：“我认为宪法和议会之有无是次要问题。创造更多的财富，平均分配对我才是最重要的。”[85]再次，他认为这样的中央政府要领导并负担民族复兴的使命，必需真正站在“为民族服务的立场上”痛自革除弊政[86]，提高自身素质，真正实行大规模的土地改革，实现“耕者有其田”[87]，关注教育等政策[88]，使中国日臻富强，对内可以谋致人民的康乐幸福，对外可以抗拒帝国主义侵略。

显然，蒋廷黻心目中是把以蒋介石为首的南京国民政府视作能领导民族复兴大任的中央政府的。他对南京政府寄于厚望，也是可以理解的。从理念上说，他在留美期间就一直对俾斯麦、马志尼等德、意政治家所领导的统一事业深为敬佩，对土耳其的凯末尔主义表示向望，希望中国能走出中世纪、建立一个近代民族国家；从事实上看，南京政府统治着中国当时最富庶的省份和最先进的大城市，在各种政治力量（军阀集团）中确实最具备统一中国的条件与实力。而且，他认为国民政府自“济南惨案”后对日本的态度已由亲日渐趋恶感，在政治上和外交上正向抗日的路上走去。其实，蒋廷黻作为一个自由主义知识分子对国民党并无特殊好感，他曾说：“我不愿作国民党的辩护士，国民党亦用不着党外人替他辩护。”[89] 终其一生，他也没有参加国民党。他对国民党的政治态度，无非是一个自由派学者在国难当头，本着“以天下为己任”的传统士大夫本色，书生论政而已。说他和《独立评论》社成员表现了强烈的参与意识是可以的，但若说他们的观点和主张迎合了蒋介石的政治需要，成了蒋介石的辩护士和帮闲文人，那就不够客观了。其实，团聚在《独立评论》周围的自由派学人，原本希望通过他们的“讲学复议政”的努力，使中国“智识阶级和职业阶级的优秀人才组织一个可以监督政府、指导政府并且援助政府的干政团体”[90]，以便使国家和社会有点滴的改良与进步。这种理念势必使他们主张精英政治和寄希望于政治精英人物。蒋廷黻之主张开明独裁，无非是在国难当头的危急形势下，直接诉之于集权统一的政治制度来解决危机而已。可以说，无论主张好人政府的胡适，还是主张开明独裁的蒋廷黻，追求自由民主和法治，是他们的共同思想路向。这就是自由主义者既不同于激进派，又有别于保守派的本质所在。

4　弃学从政

蒋廷黻弃学从政是在1935年。但凡事总有作始之时，事实上他于1934年出访苏联就已开始为国民党政府服务了。

事情还得从1933年被蒋介石召见说起。

蒋廷黻在《独立评论》上发表文章的同时，又在《大公报》

上发表政论文章。《大公报》是近代中国一份老资格的大型日报，在知识分子和中产阶层中有广泛影响[91]。蒋廷黻关于内政、外交的见解引起了国民党政府高层人士的注目，尤其给正在由亲日转变为亲英美的蒋介石以深刻印象。1932 年底中苏邦交虽已恢复，但仍无多大进展，双方关系基本上处于互不信任的僵冷状态。随着日本侵略的日趋深入，中苏两国出于各自的国家战略需要，开始有解冻意向。蒋介石认为蒋廷黻作为近代外交史专家，对苏联的远东政策多有识见，便通过自己的密友、《大公报》发行人吴鼎昌，于 1933 年夏约见蒋廷黻[92]。

对于蒋介石的约见，蒋廷黻认为："在他那方面，我想他只不过是表示一下对学者的敬意，了解一下政府以外的人士对其政策的看法而已"；在自己这方面，蒋廷黻当时还没有弃学从政的打算，只是出于"希望会见一位伟人"的心理而欣然接受约请[93]。

届时，蒋廷黻与被同时召见的南开大学教授、经济学家何廉博士同赴江西牯岭见蒋介石。首次见面只是礼节性的闲聊。第二次蒋介石便征询他们对国事的意见，蒋廷黻谈了他对统一的看法，认为应该以正确的政策结合武力来统一中国，而对日作战一定会使爱国心和中央政府的统治力量增强，中国能“自然而然的达到统一”。蒋介石只听不说，面无表情，但临结束时要蒋廷黻多留几天，以便再谈。过了一天，果然以请吃午饭方式单独召见。这次，蒋介石要他坦陈外界对政府的批评意见，不必有所顾忌。他便率直说有的人对中央政府感到失望，希望政府行政更有效率，目前非中央地区反而比中央控制省份的人民生活更能改善。蒋介石十分敏感，立即反问：哪一个省份比中央控制的省份更有行政效率？蒋廷黻说自己没有到过那些省份，不能根据别人看法作出判断，但根据传闻，山东在韩复榘统治下就比浙江的秩序好，比浙江更繁荣。蒋介石对传闻的正确性表示怀疑，但又说蒋廷黻所说的都很重要，中央的省份应该改善[94]。

召见结束后，蒋廷黻仍回清华继续教书研究、编《独立评论》。同年秋，他又受到时任行政院长兼外交部长的汪精卫约见，和他商量对苏联的态度。当时正盛传驻苏大使颜惠庆博士主张采取公民投票决定对日和战，颜认为中国如抗日，苏联愿意给中国武器援助。汪问蒋是否同意颜的主张？蒋廷黻说若政府已经决定作战，可以用公民投票方式制造舆论，否则，此举不免幼稚。汪原是亲日派，自然不赞成对日作战，在同意蒋的意见之后，表示颜并未带回苏方予中国援助的承诺[95]。

一年中两次被国民党政府高层领导人约见，预示着这位自由主义教授将有特殊使命降临。

果然，1934年初，蒋介石再次约他到南昌行营谈话。这次约见，决定了蒋廷黻以非官方代表身份出访苏联的特殊使命[96]。同年7月，蒋廷黻乘清华放暑假之机，以去欧洲搜集史料为名，率领一个非正式使团出访莫斯科。临行前，蒋廷黻再次去牯岭面晤蒋介石，接受指示。蒋介石希望他把出访欧洲的时间尽可能用在了解苏联上；希望他能测探中苏两国合作的可能性[97]。10月16日，蒋廷黻在莫斯科会见了苏联副外交人民委员（副外长）斯托莫亚科夫，双方对不究既往、面对现实、建立友好关系达成共识。斯氏表示："我们过去和现在都对中国怀有最真挚的友好的感情，把我们同你们连接在一起的不仅是共同的国界，而且是对中国人民为争取自由、平等并从帝国主义压迫下解放出来而斗争的深厚感情。”[98]针对中方对于苏联传播共产主义的疑忌和干涉中国现行政治经济体制的担忧，斯氏以苏联和法国、土耳其在外交方面非常友善为例，说明苏联从未梦想法国与土耳其会成为共产国家，也希望法国、土耳其的朋友不要仅仅为了我们希望和他们建立友好关系就希望我们放弃共产主义。他强调：“一旦苏联政府要与中国建立进一步关系的话，那个中国一定是蒋介石统治的中国。”[99]

会晤后，蒋廷黻认为“初步试探”已经过去，自己的使命已经完成，他立即将详细情况报告蒋介石，并建议应仔细计划开创将来的局面。蒋介石对此行所取得的积极成果十分满意，复电表示嘉许[100]。苏联政府的承诺，对面临外患内忧困境的蒋介石集团，确实极为重要。蒋介石不仅知道了苏联对国民党统治中国的态度，而且对可以获得苏联支持中国抗日的援助有了信心。蒋廷黻访苏成功，无疑是中苏关系的一个转机。后来，蒋介石委任蒋廷黻为驻苏大使，显然是为了承袭和扩大这次非正式访问取得的成果。蒋廷黻在秘密访问时与苏联官员建立的私谊以及他在苏联、德国考察时所获得的知识、经验，都成了蒋介石外交策略中的重要砝码，使重获转机的中苏关系日渐向正常化和友好方向倾斜。

秘密使命完成后，蒋廷黻继续在莫斯科观光、考察了三个月，然后访问了西欧的一些国家。其中特别考察了德国在纳粹体制下的政治、经济和社会生活状况，会见了德国宣传部长戈培尔和被誉为纳粹伟大思想家的鲁森伯（Herr Alfred Rosenberg）[101]。1935 年 3 月初，蒋廷黻又去英国观光。在英国，他曾与著名学者韦伯斯特（C. K. Webster）、泰奈（R. H. Tawney）、鲍威尔（Eileen E. Power）以及汤因比（Arnold J. Toynbee）[102]等有所接触会晤，直到这一年 9 月，才结束欧洲之旅回到清华。

回国后，蒋廷黻把自己访苏、访欧的观感写成文章，在《独立评论》上发表。他在文章中介绍了当今世界上共产主义、纳粹、自由主义等意识形态的冲突，认为最后胜利的一定是自由主义。他指出苏联与纳粹德国的相似之处更值得人们注意，斯大林羡慕德国的科技进步，而希特勒则羡慕斯大林的控制方法。他要《独立评论》的读者相信："希特勒是想要用共产党的策略去反对共产主义，希特勒可能遭遇的困难是他自己不能够有节制。"[103]这些看法，道出了一个自由派学者对意识形态冲突所持理念的自信，显示出站在世界权力格局门槛外的旁观者在自由议政时的洒脱和清醒。

可惜这份潇洒没有维持多久，蒋廷黻就被卷进政治漩涡。1935年11月，他被蒋介石召到南京，出任国民政府行政院政务处长。自此开始直到1965年退休，三十年来他一直在国民党的官场里奔忙。以下是他的任职简历：

1935年12月至1936年10月，任行政院政务处长。

1936年10月至1938年1月，任驻苏联大使。

1938年2月至5月，在汉口赋闲，等待新的任命。

1938年5月至1944年12月，再任行政院政务处长。

1944年12月至1947年9月，任行政院善后救济总署署长[104]。

1947年9月至1961年，任"常驻联合国代表"。

1961年至1965年5月，调任"驻美国大使"[105]。

1965年5月退休，暂住纽约。10月，病逝。

这份简历说明，蒋廷黻已从一般意义上的书生从政变成了真正的弃学从政，从一名大学教授、自由主义学者，成了国民党政府的官僚，国家机器的一个部件。这一蜕变，且不说使他再也难以重温《独立评论》时代自由议政的旧梦，即使想重返大学教席，重操史学旧业，也属奢望了。

蒋廷黻之所以会应召出山，一是基于为国家服务的使命感。早在湘潭益智学堂读书时，他就有了要救中国和使中国富强起来的梦想[106]。大学时代特别是研究生时代，这种爱国之思已经与专业选择结合起来，有了以所学为国所用的追求，他专攻历史的目的就是为了真正有用于政治。他曾说过："我对政治的态度是很正常的。我认为政治并不是专为金钱和荣耀。对我说，政治只是一种工作，我认为它和教书一样的清高。"[107]了解他的人也说："他主张知识分子应当投身政治，他甚至批评知识分子鄙视政治之不当"[108]；他"既不自鸣清高，也不热衷仕进。但是政府既然征召他，他就应召，丝毫不作扭捏的姿态，半推半就、装腔作势……廷黻之出任政务处长及其他职务的动机和胡适之出任驻美大使是一样的：尽公民的责任为国家服务"[109]。

为国家服务的使命感，原是中国知识分子的传统和本色。对于像蒋廷黻那样留学欧美的自由主义学人来说，除了传统意义上的"以天下为己任"的影响外，更多的是受到西方精英政治的理念熏染。他们看惯了西方总统竞选、议员选举等政治机制的运作，视议政参政为知识分子的当然使命并把自己作为政治精英去关怀国家前途和社会进步。这种特定文化背景生成的精英意识，使那些留学西方、憧憬政治民主和宪政的自由主义学者，不仅在价值判断上或是感情理念上，磨平了为学与从政的职业界限，并且在角色定位上，隐隐然自承起社会良知的责任。在野时，他们以"讲学复议政"表现自我、超越自我，充当社会良知；一旦政府征召，便以"书生从政"转变角色、用自己的专业知识为国家服务并在实现社会改良中完成政治精英的形象塑造。所以当蒋廷黻随翁文灏南下、向北京的朋友们告别时，"一般的反应都认为是学者从政"[110]，不但不感意外，反而予以鼓励。胡适作为自由派学者的人望，更以诗句相赠[111]。后来，他也应邀出任驻美大使。凡此都说明他们对书生从政是视为理所当然的。

二是基于对中国政局走向的理解和对蒋介石的期望。作为《独立评论》派的主将，蒋廷黻在渴望国家统一及实现民主宪政的理念上，与自由派学人没有什么不同，但在如何实现统一、如何建国的方法上，他不同于胡适的自由议会政府的主张。他从历史与现实的考究中寻绎中国的出路，认为："各国的政治史都分为两个阶段，第一步是建国，第二步是用国来谋幸福。我们第一步工作还没有作，谈不到第二步。"由此他推断出中国首先需要用武力而非宪政来统一国家，建立专制政治以巩固国家的统一，然后再建设政治上的民主[112]。基于这样的理念，他把实现武力统一的希望寄托在当时最具实力的蒋介石集团身上[113]，期望由蒋介石领导的南京政府实现分阶段的政治建设。

蒋介石自30年代初期在"围剿"共产党领导的红军和排除国民党内的异己势力同时，即着手为南京国民政府物色受过高等教育、具有专业知识的文职官员，以改造官僚结构。他通过私下接触和公开召见的方法与自由派学人群、银行家、报业家等保持联络并征询政治建设的意见。这种罗致人才的姿态对处于国难当头、一心想为国效力的各级知识分子，确实具有相当影响和魅力。不仅是蒋廷黻把他看作“伟人”，即使是胡适也一反以往对蒋介石的看法，把他看作能挽救华北危机的人物[114]。所以当1935年国民党第五次全国代表大会在南京召开，蒋介石在五届一中全会上决定兼任行政院院长、改组政府后，立即把他看中的翁文灏、蒋廷黻以及银行家张嘉璈、报业家吴鼎昌等延入政府，而蒋廷黻也毫不犹豫地受命就职了。

一开始，他对自己的角色转换似乎并不习惯。在上任政务处长不久即写信给美国历史学者费正清(J. K. Fairbank)说：“就生活而论，我更加喜欢当教授。当我回想起与充当教师有关的悠闲的生活、书籍和著作之际，有时我不禁潸然泪下。”[115]但很快他就进入角色，全身心地投入他自诩为类似法国“内阁政务处首席顾问”、实际上仅仅是行政院兼院长蒋介石的秘书一类的工作[116]。他称赞蒋介石“甚至比美国历届总统更加新派”[117]。以后，工作虽有变动，但他一干就是30年，乐此不疲地做国民党政府的官僚。

如果说，蒋廷黻在从政前尽管主张武力统一、拥蒋反共，倡论独裁、缓进民治，但毕竟是属于无所依傍、独立自由的书生论政。国是人人可议，见解容或各异，自不必舆论一律；即使是从政以后，他和其他自由派知识分子支持南京国民党政府所投身的事业，是为了“共赴国难”，为了加强中国抗击日本侵略的力量而实行现代化，也还不失为是一种政治理想。但到了抗战胜利以后，特别是蒋介石集团败退台湾、中国政治格局明朗化后，还在为蒋介石和国民党政府唱赞歌、责骂共产党领导的人民革命，阻挠中华人民共和国恢复在联合国的合法席位，那就是以鲜明的政治倾向宣告与走中间道路的自由派学人群公开分离，蜕变为国民党的辩护士了！

那末，学者从政，其幸乎？不幸乎？

二、蒋廷黻其书

1　厚积薄发的“初步报告”

蒋廷黻这本《中国近代史》，写于1938年春夏之交。

1938年，正是国家、民族处于抗日战争危急关头的年代。

陶希圣、吴景超、陈之迈三人，为因战争流离失所的民众和青年对知识的渴求和对国家前途的关心所感奋，决定编辑一套《艺文丛书》，每册3万到6万字，约请既有湛深研究，又有全局识见的专家、学者撰写[118]。当时蒋廷黻正处于已辞驻苏联大使，又未恢复行政院政务处长职掌之际，在汉口赋闲。编者之一的陈之迈知道他对近代史素有研究，便约他写书。蒋廷黻欣然应约，用两个月时间写了这本《中国近代史》，同年由艺文研究会作为《艺文丛书》的一种出版发行。此后，他再也没有做学问的时间和精力，只在官场周旋了。所以这本著作，实际上成了他学术生涯的一个句号。

关于这本书的写作动机和性质，他在1949年7月为台湾启明书局将之改名为《中国近代史大纲》重排出版时写的《小序》中有所说明：

我在清华教学的时候，原想费十年功夫写部近代史。抗战以后，这种计划实现的可能似乎一天少一天。我在汉口的那几个月，身边图书虽少，但是我想不如趁机把我对我国近代史的观感作一个简略的初步报告。这是这书的性质，望读者只把它作个初步报告看待。[119]

这段话有两点值得注意：第一是他在清华任教时已有写作《中国近代史》的长期规划，准备十年磨一剑；第二是这部五万余字的著作，是他对中国近代史整体思考的集中体现。

中国近代历史虽仅百年，历时不长但内容极为复杂丰富。十年磨一剑，固然是对复杂丰富的事件与人物作深入研究，以期写出一部权威的近代通史的需要，也与当时的中国史学界认为尚未到著书立说的时候这一共识有关，更是蒋廷黻的治学作风所致。客观对象的复杂性需要作长期研究；学界的氛围不允许注重维护自身学术声誉的学者粗制滥造。1931 年，罗家伦在《研究中国近代史的意义和方法》一文中说：

我觉得现在动手写中国近代史，还不到时间。要有科学的中国近代史——无论起于任何时代——非先有中国近代史料丛书的编订不可。所以若是我在中国近代史方面要作任何工作的话，我便认定从编订中国近代史料丛书下手。[120]

罗家伦此说，正是当时一些接受过西方科学方法训练的学者们的共识。所以像简又文、郭廷以、俞大维、许地山、王重民、刘半农等人，在 30 年代都非常注意搜集近代史的资料并在辑佚、考订、编纂等方面下功夫。直到 1939 年，这种风气还没有过时。这一年，时任中央大学教授的郭廷以，在自己编写的《近代中国史》第一、二册（计划编写十九册）出版时，还在“例言”中直言不讳地声称：“历史研究，应自史料入手。以近代中国史论，现在尚为史料编订时期，而非史书写著时期。”他称自己的《近代中国史》只是在史料编排方面“尽其相当力量”，近似西人之读本（readings），又可称为史料选录或类辑，“绝不以历史著作自承”[121]。处在这样的学术氛围中，蒋廷黻期以十年写成中国近代史就很自然了。

从蒋廷黻的治学作风说，他治学严谨，一生著作不多[122]，每有著述，都信而有征，做到持之有故，言之成理，这与他早年受到科学方法训练大有关系。重在积累不作急就章，成了他治史的习惯;重视史料的编订,不作空头说教,成了他研究的规则。他曾在《近代中国外交史资料辑要》上卷《自序》中说到历史学“自有其纪律”(即研究顺序或研究规则)时称:“这纪律的初步就是注重历史的资料”;“研究历史者必须从原料下手。”[123]在清华,为了研究近代史,他千方百计搜集有关第一手资料,读了他在回忆录中关于搜求《文祥年谱》、《郭嵩焘日记》以及曾国藩信函等的记述,谁都会感动[124]。他的研究,注重史料,但他不仅没有胡适那样的“考据癖”,而且不愿将历史写成材料的堆砌。事实上,一部真正意义上的通史,决非只是对史事的客观描述,而是要努力探求历史变迁的内在联系。所以通史不仅指史事在时序上的先后承继、转合变幻,而且还包括历史文化中各重要问题的沿革与变迁的理性诠释,即所谓“通古今之变,成一家之言”。要达到这一境界,就像太史公所说“非好学深思,心知其意”,必不得要领。蒋廷黻在1935年离开清华去南京做官时,他的近代史研究尚处在进行的过程中,还没有达到融史料与思考于一炉的整合期。他之所以称这本五万余字的著作为“初步报告”,就是针对这种没有完成整个研究计划、只能算作对近代史整体思考的一个初步体现，即所谓简略的“观感”而说的。

其实，这本被他称为“初步报告”的著作，篇幅虽小，学术含量却很高。全书从鸦片战争写到抗日战争前夕，近百年的史事写得深入浅出，好读耐看。内容上没有拘泥于事件过程和细节的铺陈；方法上从总体把握演变趋势，显示了作者沉潜思辨的写作风格。甫经出版即广为流传。1938年初版后，次年商务印书馆即印第二版；同年重庆青年书店又重印。40年代的版本我孤陋寡闻，不知其详。1949年，台湾启明书局以《中国近代史大纲》为书名，重排出版，蒋廷黻应约写了《小序》。海峡此岸在众所周知的长期沉默后，终于在十一届三中全会兴起的思想解放潮流推动下，湖南岳麓书社经陈师旭麓教授的推荐、介绍，于1987年将之辑入该社《旧籍新刊》重新出版，同时收入了《评清史稿·邦交志》、《琦善和鸦片战争》、《最近三百年东北外患史——从顺治到咸丰》三种论著，合成一册，以《中国近代史·外三种》书名面世。书首有该社《出版说明》和陈师旭麓教授写的《重印前言》[125]，书后附有蒋廷黻的女公子蒋寿仁女士写的纪念性文章《欣慰与回忆》。这是改革开放以来第一个蒋氏《中国近代史》的重刊本,也是该书出版以来的第一个新版本(有所删节)。1990年,上海书店将此书按1939年商务版重印,收入《民国丛书》第二辑,编为第75种。现在,上海古籍出版社又把它作为《蓬莱阁丛书》之一,重排出版。个别地方作了技术性处理。一部学术著作,经历半个世纪以上时间的汰洗而仍备受后人垂青,足以说明它已为社会认同,成了代表一个时代的学术精品。

一个"初步报告"竟成了传世之作,这恐怕是蒋廷黻所始料不及的。然而,世事总是偶然中寄寓着必然。如果没有深厚的史学功底,没有中国近代外交史研究的长期积累,没有对近代史近10年的整体思考,怎么能在图书资料匮乏的情况下,以短短两个月的时间,写出如此大气、如此耐读的作品呢?可见成功总是与艰辛同步的。厚积薄发,大家之道,信然!

2 体系结构与分析框架

蒋廷黻是从外交史研究拓展到整个近代史领域的,深知

“近代史上外交虽然要紧，内政究竟是决定国家强弱的根本要素”[126]。他的这本著作，即是从外交内政的关系入手，重点论述了自鸦片战争以来中国为抵御外敌入侵而改革内政的各种方案，表现了寻求救亡之道的使命感。他在全书的《总论》里说到此书的写作宗旨：

现在我们要研究我们的近代史，我们要注意帝国主义如何压迫我们。我们要仔细研究每一个时期内的抵抗方案。我们尤其要分析每一个方案成败的程度和原因，我们如果能找出我国近代史的教训，我们对于抗战建国就更能有所贡献了。[127]

在这种“以史为鉴”、“以史经世”思想支配下，全书以中国学习西方，先后出现的四个救国救民方案为基本线索，按历史时序将近百年史编为四章二十二节：

第一章共七节，专讲外患。处在“中古”状态的清王朝，遇到了前所未有的已经“近代化”的西方侵略者，在两次鸦片战争中接连被西方列强打败而不知民族危机、不思国家内政改革，白白浪费了20年光阴。其间，政府官员只以主剿主抚（即主战主和）相区别。主剿者虚骄自大，主抚者服输而不图振作，“直到第二次战败的教训，然后有人认识时代的不同而思改革”[128]。

第二章共四节，专讲内忧。清王朝遭到洪秀全领导的太平天国运动的冲击。曾国藩领导的湘军为维护清王朝的统治而战。洪秀全对宗教革命及种族革命十分积极，对于社会革命则甚消极，“他的真实心志不在建设新国家或新社会，而在建设新朝代”，这样的领袖不但不能复兴民族，且不能成为部下的团结中心。曾国藩在维持清廷作为政治中心的大前提下，一方面要革新，即他要接受西洋文化的一部分；另一方面要守旧，即恢复中国固有的美德。革新与守旧同时举行，这就是他对近代史的大贡献。

第三章共五节，专讲自强运动（即现在所说的洋务运动）的产生、发展和失败。清王朝中央的恭亲王奕䜣、文祥，从英法联军侵华战争中获得教训，觉得中国应该接受西洋文化之军事部分，以求“自强”；京外的曾国藩、左宗棠、李鸿章诸人也得着同样的教训，认为“欲学外国利器莫如觅制器之器，用其法而不必尽用其人”。自咸丰十一年（1861）到光绪十四年（1888），成立北洋海军，自强事业步步推进，动机是国防。国防近代化牵连到设厂制械、设学堂培养人材，设船厂、电报局、铁路以解决交通，办招商局、织布厂、开煤矿、金矿等以解决办国防的费用。自强运动是近代史上“第一个应付大变局的救国救民族的方案”。但又是个不彻底的方案，后来又是不彻底的实行，结果败在日本人的手里。“甲午之战是高度西洋化、近代化之日本，战胜了低度西洋化、近代化之中国”。

第四章共七节，分别讲了甲午战后的瓜分狂潮、戊戌变法、义和团运动、辛亥革命、军阀割据和北伐战争，一直到抗战前夕。内容很多，实际上只讲了三个救国救民方案：变法运动是第二个救国救民方案，方案的主旨是要变更政治制度，最后目的是要改成君主立宪；义和团运动（蒋廷黻仍习惯称为“拳匪”）是近代史上第三个救国救民方案，“不过这个方案是反对西洋化、近代化的”；孙中山的“三民主义”是第四个救国救民方案,也是我们民族"惟一复兴的路径"。

上述谋篇布局,第一、二两章是为后面各种救国救民方案的产生作内忧外患大背景式的铺垫,说明中国若不向对手学习、不图内政改革已经没有前途了;第三、四两章是全书主旨,依次论述为抵御侵略、学习西方而出现的四个救国救民方案,从整体上组成一、二两章为因,三、四两章为果的大因果关系,显得叙事脉络清楚,因果联系明确,通俗易懂,好读耐看,从写作方法和宗旨看,全书以记事为主而以时序别其先后;不拘泥过程、细节描述而注重成败得失的分析;它以政治上的"鉴戒"和道德观念上的"垂训",对治乱兴衰作出价值判断而为当世社会寻求历史借鉴。显然,这样的通史,完全是一种以政治史为经、事件史为纬、以点带面、一线相系的线性式结构,具有强烈的为现实服务的史学功能,恰恰切合抗日救亡的需要。

蒋廷黻对现代中国史学的贡献,不仅在于他是中国近代史研究的开拓者之一,而且在于为起步不久的近代史研究提供了一个可资参酌的分析框架。

从方法论层面说,历史研究是运用一连串概念去阐述历史发展过程的内在联系，而概念的诠释功能只有在特定的建构中才能充分显示理论张力。这种由概念建构成的评价体系，往往表现为一种特殊的话语系统。传统史学发展到清末，基本上只是对史料的辨伪、辑佚、考证、训诂之类的方法，主要不是思辨而是功夫论层面的操作，学者不作观念更新、架构改制一类的自觉追求。蒋廷黻曾批评说：中国的史家，往往是“治史书而非治历史”，他们可以是十分优秀的版本专家，却不能从整体上解释历史。

蒋廷黻自己接受过西方史学的训练和进化史观的影响，注意用实证的方法探求史事的内在联系，强调史学的训戒功能，并把导师对欧洲近代政治史研究中的“族国主义”，作为自己观察中国历史和社会的重要理念[129]。他在本书的《总论》中，一开始就从人类文明的发展是一个整体的进化史观着眼，通过中西文明的对比，得出了西方世界已经具备了近代文化而东方世界仍滞留于“中古”的结论。由此出发，他抓住了东西方文化冲突的基本态势，把先进的近代化和落后的中古状态，作为文明发展的两个不同阶段在十九世纪相逢，进而构建对近代中国历史的分析框架：他把中国能否实现近代化（西洋化）作为度过空前难关、摆脱中古状态的历史主题，把中国人能否接受科学、利用机械、能否接受民族观念以建设民族国家，作为实现近代化、赶上西方世界的三项主要指标。他说：

近百年的中华民族根本只有一个问题，那就是：中国人能近代化吗？能赶上西洋人吗？能利用科学和机械吗？能废除我们家族和家乡观念而组织一个近代的民族国家吗？能的话，我们民族的前途是光明的；不能的话，我们这个民族是没有前途的。因为在世界上，一切国家能接受近代文化者必致富强，不能者必遭惨败，毫无例外。[130]

蒋廷黻所说的"科学"，既指科学知识本身，又含有科学精神的内蕴，是与"作八股文、讲阴阳五行"的蒙昧主义相对待的新的人文精神，属于近代文明的精神范畴；他所说的"利用机械"，是与仍保持"唐、宋以来模样"的自然经济相对待的工业经济，属于近代文明的物质范畴；所说的"民族国家"是与宗法制度下家族、家长制相对待的政治体制，属于近代文明的制度范畴。他把这三对范畴作为实现近代化（即西方化）以摆脱中古落后状态的价值评判体系，恰恰反映了二、三十年代的中国社会仍处在政治、经济、思想文化急剧转型之中的现实。为因转型而失衡的社会寻找价值重建的良方，正是当时像蒋廷黻那样接受过西方高等教育和西潮影响的一代学人，朝思夕虑之所在。他们一方面不得不承认19世纪以来中国的文明已落后于世界，只有学习西方才能救亡图存；一方面又隐隐然希望中国回归传统，寻回失落的富强梦，力图给困厄中的民族和国家指引出路。这种对历史中国的自豪和对现实中国的自悲所构成的文化情结，不仅是自由派学人群，而且也是大多数知识分子的普遍心态。蒋廷黻以学习西方实现近代化作为分析框架写的《中国近代史》，在那时影响很大、流传甚广，原因即在于此。

这样的分析模式与他编纂的近代通史体系是完全契合的：除第三方案即义和团的盲目排外与近代化历史主题背道而驰外，其余各个方案恰恰是中国人在鸦片战争后，浪费了二十年光阴才开始从器物层面到制度层面上学习西方，以脱离中古状态的过程。

值得注意的是，他在论述救国救民方案推行受阻乃至失败原因时，往往以科学的人文精神作为评判近代时期中国民众、特别是士大夫阶层的素质与表现的尺度，对国民性乃至民族性发表了若干发人深思的见解。

他针对鸦片战争失败后中国仍不觉悟不图改革，妄费了民族二十年光阴的史实，指出："鸦片战争的军事失败还不是民族致命伤。失败后还不明白失败的理由，力图改革，那才是民族的致命伤。"[131]这是批评国人昧于世界大势，不思上进的麻木状态和苟且因循。

他在书中问：为什么中国人不在鸦片战争失败后就开始维新、改革内政呢？回答说：一是"中国人守旧性太重"；二是士大夫以传统文化为生命线，"文化的动摇，就是士大夫饭碗的动摇"，所以他们反对改革；三是"中国士大夫阶级（知识阶级和官僚阶级）最缺乏独立的、大无畏的精神"[132]，这是批评士大夫在传统文化背景下生成的守旧性、保守性和妥协性。

他问：同光时代的士大夫反对自强新政，那么民众是否比较开通？他说："其实民众和士大夫阶级是同鼻孔出气的"，"严格说来，民众的迷信是我民族接受近代西洋文化大阻碍之一"[133]。这是批评国人愚昧迷信，文化素质低下。

麻木、因循、守旧、妥协、迷信、愚昧等等，这些虽非蒋廷黻在书中的原话，但他的上述分析所蕴含的潜台词，就是这些话语。只要读一下新文化运动时期以胡适为代表的自由派文人有关国民性的文论，就不难发现二、三十年代的自由派学者仍然使用当时的话语系统来评论国民性。从思潮的统绪上考察，这种批判其实是清末留学生中一度弥漫过的文化自责思潮的遗风。翻开辛亥革命时期出版的各种留学生报刊，可以发现他们为了唤醒国民性而批判奴隶性的文章比比皆是。他们指责百姓甘作清朝的"顺民"就是甘作"亡国奴"，说国人的性质，"曰柔顺，曰巧滑，曰苟且偷安。喻以利则为排外之举动，逼于势则为外军之顺民，总之畏死二字，足以尽之矣"[134]。所不同的是，辛亥革命时期的激进知识分子，往往视自己是教育、提挈、领导"下等社会"的先进者，蒋廷黻则不仅对下层社会，而且对“四民之首”的士大夫都作了无情解剖，把他们一概视作接受近代文明的阻力。而且，他不像清末留学生那样只是以呐喊来惊醒民众，而是通过对史事的因果推出结论，显得格外深沉有力。他的国民性评判虽说不无偏颇片面，但对士大夫这种文化精神上的弱点和缺失的展示，使人看到了历来被讴歌为“社会良知”的知识阶层之另一面。他把这一面作为近代中国无法顺利推行近代化的重要原因，客观上教育了抗战时期知识分子担起救亡责任。

诚如陈师旭麓教授所指出：“中古—近代化—民族惰性，蒋廷黻在近代史中论述的这些环节，不是无的放矢，而是反映了近代中国某些实况及其方向的。”[135]这个实况和方向，用蒋廷黻建构的话语系统来表述，就是：中国在十九世纪已经面对着早已接受近代文化的西方对手。为了抵御西方列强侵略，处于中古状态的落后的中国，只有向对手学习、改革内政，才能有光明的前途。这个学习对手的过程，先是从不彻底的器物层面开始，然后进到学习政治体制的制度层面，但只有再进到更深层的精神层面，才能真正实现近代化。

3 历史观与方法论评估

从蒋著《中国近代史》可以看到蒋廷黻的历史观即历史本体论，是服膺进化史观的。进化史观虽然将历史看作一个不断由低级向高级发展的过程，历史是有规律可循的。但进化史观视文化沿革为史学研究的学问所在，以因果关系作为历史发展的内在规律，对历史的理解往往显得一元化，诠释也因之太线性化。蒋廷黻建构的分析框架，把近代化和中古状态作为先进和落后两个文化发展阶段，以西方列强对中国的侵略作为中国接受近代化（西洋化）的“因”，把学习西方、实现近代化（西洋化）作为中国脱离中古状态，“必致富强”的“果”。以这种“因果关系”构成近代历史主题，严格地说既忽视了历史发展动因的多元性，又否定了多样结果的可能性。他的这个分析框架，可以说是后来以费正清为代表的美国中国学常用的“冲击—反应”模式的中国版，只是没有达到范式化的程度而已！

在方法论上，蒋廷黻接受的是西方实证史学（即“科学史学”）的训练。实证史学认为历史研究只有确定史料、构成规律，才能成为科学。蒋廷黻极重视对历史材料的搜求与考订，但当他寻求规律时只注重因果关系的分析而显得捉襟见肘。因为，因果联系本身是一个无穷循环：因前有因，果后有果，多因一果，多果一因，在甲为因，在乙为果，彼时为因，此时为果，因果循环，极难深究。更重要的是因果关系并不是历史内在规律的全部，即使正确分析出史事之间的因果联系，也难说发现了规律。所以因果关系的分析方法，可以适用于简单、个别的史事间内在联系的分析与探求，很难适用于复杂的、全局性的过程分析。所以当蒋廷黻在这本著作中涉及到若干全局性、宏观性的史事分析时，表现出简单化、片面性、牵强附会的缺点。

例如他指出了鸦片战争前中西没有邦交、中国对西洋各国总是以“天朝”自居、把它们视作藩属的事实，却由此推出了“在鸦片战争以前，我们不肯给外国平等待遇；在这以后，他们不肯给我们平等待遇”[136]的结论。这显然是混淆了封建宗藩关系和资本主义条约制度两种不同时代、不同性质的不平等。宗藩关系的不平等，只是礼仪制度下形式上的不平等。它以藩属国向宗主国朝聘和宗主国对藩属国的册封为主要内容，构成了宗藩间的互动互应关系。朝聘不是臣服，册封不干涉内政。两者不是统治与被统治，压迫和被压迫的关系。西方强加给中国的条约制度，完全是以损害中国主权、破坏中国领土完整、掠夺中国资源为主要内容的实质性不平等。两者具有不可比性，构不成史实上、逻辑上的因果联系。

又如他认为战前的中国不知有外交，只知“剿夷与抚夷”，政治家的派别划分不过是有的主剿，有的主抚。据此，他把广州反入城斗争中主张利用民心的两广总督徐广缙、广东巡抚叶名琛，说成是“继承了林则徐的衣钵，他们上台就是剿夷派抬头”[137]。其实，当时除了主剿、主抚派外，还有非剿非抚、亦剿亦抚的骑墙者，先剿后抚的转化者。把复杂的政治态度简单化地以非此即彼分野，是不符合史实又不合情理的；林则徐的主战，是在对手用武力强加给中国后的反侵略表现，徐、叶的反入城是在条约签订后以民情不允为名的违约行动；林则徐的“民心可用”是用于反侵略，徐、叶的利用民心是用于违约的盲目排外以达到道光帝“小屈必有大伸”[138]的虚骄目的。同样主剿，出发点和归宿不同，硬把两者扯在一起，是忽视了两者对外策略的不同性质。

他对国民性的剖析，有很多鞭辟入里之词，发人之所未发或不敢发，但片面性也在所难免。例如他把鸦片战争后中国未能立即改革内政、起始维新的原因，归之于士大夫守旧，缺乏大无畏精神。虽然，战后很多人确有“雨过忘雷之意，海疆之事，转喉触讳，绝口不提”[139]，但“志士扼腕切齿，引为大辱奇戚”的[140]，也大有人在。尤其是中小官僚和一般读书士子，或著书立说介绍外国史地以增强国人对域外风土民情的了解，如魏源《海国图志》、徐继畬《瀛环志略》、姚莹《康輶纪行》、梁廷枏《海国四说》、夏燮《中西纪事》；或上书条陈善后事宜，以改变成法防止外敌觊觎。1842 年 10 月，江南司郎中汤鹏上善后事宜 30 条，就防范西人之法论及中国必须在军事、吏事、风俗、烟禁、人才、考试等方面进行改革[141]。涉及面之广，设计之具体，无人能出其右。这是当时京官中最具代表性的一份改革方案，也是最早把改革内政与爱国反侵略结合起来的方案[142]。在皇帝立意订约、朝臣禁若寒蝉的特定背景下，敢于独抒己见，没有点"独立大无畏精神"能行吗？即使被蒋廷黻批评为阻碍同光时期自强运动的"清流"派士大夫，也非铁板一块，其中最著名人物之一的陈宝琛，虽非洋务派但不反对洋务事业，虽主张"中学为体"，但并不排斥西学。他不仅主张中西学问相通，新旧文明相益，而且在倡导西学、引进西技方面躬亲实践、殚精竭虑[143]。看来把士大夫一概骂倒看似振聋发聩，其实也多偏颇。

蒋廷黻对士大夫的文化批判，正如李敖为《蒋廷黻选集》所作的《序》中说的那样："当然他所要求于知识界的，是动态、是入世、是事业、是实物、是书本以外、是主义以外、是文字以外、是'清议'以外、是生产、是事业、是与小百姓同一呼吸。……这种真正的民胞物与经世致用的精神，才是蒋廷黻的真精神，才是蒋廷黻所要求于中国知识阶级的真精神。"[144]

上述这些简单化、片面性和牵强附会，有的是因体例关系不得已而造成。按《艺文丛书》要求，每本字数不低于 3 万，不超过 6 万，篇幅太少，自不能全面分析、详加展开，只能拣主要方面写，片面也就难免。有的是历史观方法论本身的问题，用进化史观看待历史，执着于因果关系的探求，虽然能解释历史的进步，却很难说清进步的动因；虽然能得出合理的结论，却很难全面、系统地论证。

尽管存在上述缺憾与不足，但蒋廷黻在中国近代史研究中取得的成绩以及他建构的分析模式与话语系统，对当时和以后的研究产生了深远影响。1964 年时任台北近代史研究所所长的郭廷以教授，在评价蒋廷黻的学术成就和学术地位时说：

近代中国史的研究，蒋先生是个开山的人。近四十年来，蒋先生在这方面最大的贡献，是开创新的风气，把中国近代史研究带入一个新的境界，特别是给我们新的方法与新的观念。[145]

其实，早在 1939 年，郭廷以在自己编纂的《近代中国史》第一册的"例言"中已说过："蒋廷黻先生于近代中国史之科学研究，实与罗先生（沈案：即罗家伦）同开其风气，直接间接，编者亦受其相当影响。”[146]

1965年，人类学家李济教授在悼念蒋廷黻的文章中也说：“他为中国近代史在这一时期建立了一个科学的基础。这个基础不只是建筑在若干原始材料上，更要紧的是他发展的几个基本观念。有了这些观念的运用，他才能把这一大堆原始资料点活了。”[147]

郭廷以和李济既是蒋廷黻同时代人，又是历史研究的同行，他们的评价不仅极富历史感，而且充分肯定了蒋对起步不久的近代史研究有开风气、奠定科学基础的贡献。

如果对当代中国史学近20年来的近代史研究稍加回顾，就会惊讶地发现，我们正在致力于蒋廷黻提出的近代化研究，而且大部分研究者在不同程度上重复蒋廷黻早在60年前建构的话语系统，乃至使用他那套分析框架，那么对他和他的著作给予重视、进行研究，其意义也就不言而喻了！

三、近代通史体系的推陈出新

当代中国史学有一个继承传统和革新传统的问题。这在中国近代通史体系的推陈出新上，尤为突出。

传统的中国近代史体系，基本上是一种以政治史为经，事件史为纬的线性结构。这种构架，早在20世纪20年代末30年代初就已初见端倪，中经发育与完善，到50年代末基本定型并由此逐步形成一整套研究规范，前后经历了半个多世纪。

1 初见端倪的近代通史体系

任何一种新的学术思潮形成，乃至新的学术体系出现，本质上都是社会现实需要的产物；而每个历史时期的代表作，则又凝聚着特定时期的社会文化心态。自辛亥以来，中国政局纷繁复杂，人民生活在社会动乱和连年混战之中，这就迫使人们把观察政局变幻作为观察国家治乱兴衰的主要动因。于是以政治史作为“资治”的史鉴，也就成了社会共识。1930年上海太平洋书店出版了李剑农《最近三十年中国政治史》，上起戊戌维新，下迄南京国民政府成立和东北军易帜，叙述了30年来中国政局政情转换变化的历史。

李著出版后，在社会上影响颇大，根本上说就是因为它反映了当时人们渴望从历史上寻求社会安定之方的心理，一时间，中国出现了一批以政治斗争的因果关系为主线的近代史或近百年史，如颜昌峣《中国最近百年史》、魏野畴《中国近世史》、孟世杰《中国最近世史》、李鼎新《中国近代史》等等。其中在学术界影响较著的是1935年商务版的陈恭禄《中国近代史》上下二册。此书以进化史观为指导，以英雄史观为核心，记述了西学东渐以来中国政坛的重大事件和重要人物，旁及中西文化交汇，学术思想流变、典章制度更易、内外战争过程、各项主要条约内容等诸多方面。史料丰富，议论多有个性，成了以政治史为经、事件史为纬的中国近代史构架在萌生时期的第一个代表性作品。

迨至抗日战争起，救亡再次成为历史主题。人们从对国家治乱的一般观察，转向对民族命运的深沉思考。从而，使初见端倪的近代通史以政治史为主线的构架得到了进一步强化；而结束不久的中国社会史大论战，也促使学者们对近代中国社会性质及其走向进行研究。于是从30年代后期起，不少学者对中国近代史上限的界定，由往昔西学东渐的追溯，一变以 1840 年鸦片战争为开端，把视野更多地丛集于反对外来侵略的研究，表现了寻求救亡之道的责任感。蒋廷黻的《中国近代史》，成了这一时期影响很大的代表作。蒋著《中国近代史》围绕着中华民族能否走出落后的“中古”状态进入“近代化”，能否废除狭隘的“家族观念和家乡观念”，组织一个“近代化的民族国家”这一主题，论析了自鸦片战争到抗日战争前夕的中国历史，许多论述表现了作者的识见和眼力。若撇开作者的历史观与论点的当否，单就全书的构架而言，那么这部仅 5 万余字的近代史，完全是以政治史为经、事件史为纬，以点带面、一线相系的典型作品。它的影响，根本上就是这一构架所体现的史学功能符合了抗日救亡这一政治需要。

2 “毛—范近代通史体系”的崛起

抗战时期，解放区的史学工作者正在力图用马克思主义研究近代史诸问题。1939 年，毛泽东和在延安的历史学家合作编写了《中国革命和中国共产党》一书，作为干部读本，此书就中国社会的性质、革命的领导阶级、革命的对象、动力、前途等一系列问题作了论述。这部著作不仅对中国共产党领导中国民主革命的胜利起了重要的指导作用，而且对尔后的中国近代史研究产生了巨大深远的影响。

最早阐发毛泽东阶级斗争历史观和阶级分析方法的中国近代史著作，是 1947 年出版的范文澜《中国近代史》上编第一分册。这本半部的中国近代史，以中国人民的反帝反封建斗争为基本线索，以阶级斗争为历史发展动力，上起 1840 年鸦片战争，下迄 1900 年义和团运动和八国联军侵华。它的出版，标志着阶级斗争史观为指导的"毛—范近代通史体系"开始崛起。

新中国成立后，毛—范体系进入了充分发育的阶段。1954 年开始的中国近代史分期问题大讨论和 1956 年全国高等学校历史系中国近代史教学大纲的产生，确立了中国近代史作为一门独立学科的地位。同时，也使上述毛—范体系形成了一个完整的研究规范和近代通史的系统框架。它以马克思主义的阶级斗争理论为指导，以阶级分析为研究方法，以政治是经济的集中表现为基本线索，以一条红线、两个过程、三次革命高潮、十大历史事件为基本构架，旁及社会经济和思想文化，力图揭示自 1840 年鸦片战争到 1919 年五四运动前夕近代 80 年间中国半殖民地半封建社会的历史发展规律。显然这个研究规范和通史框架，既是对以往近代通史以政治史为经，事件史为纬的线性结构的继承和扬弃，又是完全对毛泽东的历史观和研究方法的诠释与阐发，是毛—范近代通史体系发育成熟的表现。

反映这一体系的第一部代表性著作，是 1958 年湖南人民出版社出版的林增平编著的《中国近代史》，而真正使这个体系得以形成社会共识的，则是出版于 1981 年胡绳《从鸦片战争到五四运动》一书。在此期间和以后出版的数量众多的中国近代通史著作和教材，只有肥瘦的不同，在体系结构上没有明显差别。

这样，由毛泽东奠定，经范文澜阐发，到胡绳最终完成的中国近代通史体系，成了当代中国近代史的传统模式，由此建立的一系列近代通史研究规范，也逐步得到学者们的认同和遵循。

3　历史新时期中的史学改革潮流

我认为在近代通史中重视政治史研究，既是中国史学的一个优良传统，也是阐明历史发展脉络所必须。一部"二十五史"，本质上都是从国家兴亡治乱中寻求历史教训和借鉴，即所谓"以史资治"、"以史为鉴"，所以政治斗争和政局变幻，一直是历代史家注目之所在；从政治是经济的集中表现这一历史唯物主义原理说，政治斗争不仅关系到社会阶级力量的消长配置，而且也直接间接地反映了社会经济发展的要求。在通史研究中重视政治斗争，尤其是阶级斗争对推动历史发展的作用，是应该而且必需的。

问题在于以阶级斗争作为历史发展的唯一动力，势必忽视其他社会力量对历史发展所起的作用；以阶级分析代替一切，容易忽视社会结构和社会生活的多样性、复杂性；以"三次革命高潮"作为近代历史发展的基本线索，既难涵盖革命以外的社会改革运动，又难反映丰富多彩、万象杂陈的历史内容。所以传统的中国近代史体系之缺憾，一是太重政治而轻其他，结果是只见国家没有社会；二是过分强调阶级斗争而忽视其他社会力量，结果是多元发展的历史成了一元化的线性公式。

传统的近代史体系中上述两方面的缺憾，涉及到一系列理论问题和实际问题。首先在历史观上，究竟历史发展的动力只是阶级斗争一种还是社会合力？人民群众是历史的主人这一观点是不是马克思主义历史唯物主义的理论？其次在方法论上，究竟历史发展是一元化的线性运动还是多元化的发展道路？历史发展有没有所谓基本线索？再次是太平天国和义和团运动是不是革命？由此引伸出什么叫革命？戊戌维新是改良范畴还是革命范畴？由此引伸出改革与革命的界限及两者的关系："三次革命高潮"作为近代80年历史发展的基本框架，如何估量洋务运动、维新运动、立宪运动等的历史作用和历史地位？

上述传统体系存在的问题，在十一届三中全会开创的思想解放潮流下，都被学者们尖锐地提了出来。这就是：

1979年10月23日，《光明日报》史学版发表了有关"历史动力问题"的讨论，到1983年底，各种报刊共发表了300多篇文章，围绕着一元化动力还是多元化合力、各种动力的相互关系中阶级斗争是不是最根本的动力、农民战争的历史作用是否可以作为动力这三大问题进行了针锋相对的争论，对传统体系以阶级斗争为唯一动力和由此而来的大力歌颂农民起义与农民战争的研究现状提出了质疑。

1980 年李时岳在《从洋务、维新到资产阶级革命》一文中，提出了农民战争、洋务运动、维新运动、资产阶级革命“四阶段”说，强调了资本主义与资产阶级在近代历史发展中的积极作用并以此对“三次革命高潮”说作了修正，结果由此引发了关于中国近代史基本线索的旷日持久的大讨论。

1981 年，刘大年在《中国近代史研究从何处突破》一文中，主张以加强经济史研究为突破口，作为弥补单纯把政治史作为主线的缺陷。

1984 年，黎澍在《历史研究》第 5 期上发表《论历史的创造者及其它》一文，对长期以来被奉为马克思主义经典原理的“人民群众是历史的创造者”这一说法提出质疑。认为这是苏联哲学家对《联共布党史》中某些观点的引伸和误解，始作俑者是尤金；而中国的马克思主义者不仅对之深信不疑，而且一变为“人民群众是历史的主人”。其实，马克思、恩格斯、列宁并未说过这种话，他们只说了“人们自己创造着自己的历史”，所以只讲英雄创造了历史固然不对，提出只有人民群众才是历史的创造者也有片面性。历史是人人的历史，所有人都参与了历史的创造。

所有这一切质疑、争论，汇成了一股史学改革的潮流，反映了学术界在十一届三中全会开创的新的历史时期中，以实事求是的科学态度学习马克思主义，重新审视传统体系和研究规范的成就与不足，希望建立与新时代相适应的，真正能够反映近代历史全部面貌的通史体系。

4 《新陈代谢》是以社会史会通近代史的代表作

《近代中国社会的新陈代谢》正是上述史学改革潮流的产物。

早在1979年，陈旭麓先生发表了《农民起义与人口问题》，把中断了几十年的社会史研究率先引进近代史研究领域。1980年，他在为《传教士与近代中国》一书所作的序言里，第一次以“新陈代谢”的命题来概括近代中国社会的急剧演变。1986 年他又在《略论中国近代社会史研究》一文中，对传统的近代史体系之成就与不足发表看法，提出了“通史总是社会史”的著名见解。

“通史总是社会史”，显然是针对“通史总是政治史”，“通史总是事件史”，“通史总是阶级斗争史”，“通史总是中国人民反帝反封建斗争史”说的。此说一出，使学术界深为振奋，意识到就反映近代社会的全貌言，加强社会史研究对突破传统体系的结构框架不失为一种新思路。从 1979 年起，经过将近 10 年的思考、研究和教学实践，陈先生终于写出了《近代中国社会的新陈代谢》一书初稿。先生谢世后，经由门弟子杨国强、周武整理，于 1992 年正式出版面世。

《近代中国社会的新陈代谢》，是以社会史会通近代史的代表作，也是史学改革潮流中出现的第一个近代通史的新体系。

重视社会史研究，原是中国史学的优良传统。中国古代史学典籍中就有大量的社会经济和社会生活的记述，至于文集、笔记、宗谱、日记等私家著述,更不乏此类内容。自本世纪初到40年代末,不少学者对中国社会的许多方面做过专门研究和专题调查,出版了有关家族社会、宗法制度、官僚政治、行会组织、会党教门,乃至婚姻、服饰、风俗、礼俗、妇女、娼妓、农村生活、村社组织等大量著作。但是,以往的社会史论著,既未与通史研究融汇贯通,又偏向于诸如衣食住行等琐碎问题,迷失了历史学整合的本性,不仅不能反映历史变化的根本,而且看不出社会变迁的脉络,难以反映一个逝去了的时代的社会面貌。

《新陈代谢》第一次把社会史的内容与通史研究汇融于一炉,着眼于社会结构、社会生活、社会意识在重大政治事件和外来侵略、东西文化碰撞冲击下的转轨、变异与回应,既复原了重大事件之外诸如宗族、行会、人口、移民、帮会、教门、习俗、风尚、城乡人民的生活状况等被传统体系所忽视而为通史所应有的内容,又把这些内容连同经济结构、文化学术、价值观念、社会思潮,置于中国被轰出中世纪后,怎样通过"外来变为内在"的自我更新机制,艰难而有限度地一步步推封建主义之陈，行民主主义（资本主义）之新的嬗变过程中，考镜其源流，寻绎其流变，分析其性质，论述其影响。这样，社会生活藉社会性质的巨变而显示出不同于中世纪的变易；社会结构因重大事件的冲击而显出了震荡的深度；社会意识在中西文化两极相逢中，怎样结合出了不同于传统又包涵着传统的价值取向、思想主张、奋斗目标、社会心理。原本琐碎的社会史内容在重大事件的整合下成了社会变迁的血肉，近代通史不再只是偏枯干瘦的骨架；社会史特有的结构研究被引进通史研究，近代史不再是只见阶级斗争而无其他社会层面的活力，其中以血缘为纽带的家族组织，以工商业为基础的行会组织，以游民阶层为主体的帮会组织这三种社会结构在近代社会变迁中的脉络清晰可辨；学习西方与近代中国的历史进程联系起来，历史人物的功过是非、历史事件的正负作用不再是只用阶级分析的一种方法作出价值判断，洋务运动、维新运动、立宪运动乃至清末新政中假维新包含的真改革，都在“外来变为内在”的思辨体系中占有一席历史地位；历史发展不再是一元化的线性运动，“三次革命高潮”被多元化的合力所取代，革命与改良各自在合力的矛盾运动中得到了正确的定位。所有这一切，构成了一部半殖民地半封建社会新陈代谢的历史长卷。

5 《新陈代谢》与近代史传统体系

《新陈代谢》作为以社会史会通近代史的一种新通史体系，仍然包含着传统体系的合理成分而有所拓展革新。

从历史观的统绪上说，它的指导思想和理论基础依然是马克思主义的历史唯物主义。阶级斗争观和阶级分析方法并没有被抛弃，只是扬弃了以往研究中的简单化、片面化和公式化的幼稚性；生产力和生产关系的矛盾统一学说，仍是全书分析近代社会经济推陈出新通向近代化的理论根据，只是克服了以往片面强调旧生产关系对生产力只有阻碍作用，揭示出它同时有着自我调节机制、有限度地容纳甚至促进新生产力的一面，进而说明先进的生产力被纳入旧体制后就会以其特殊的能量在旧体制内“发酵”而为突破旧体制奠定基础；经济基础和上层建筑的关系被运用来分析欧风美雨影响下社会思潮、社会文化心态怎样走出传统又反映传统的特点和表现。

所以《新陈代谢》的新体系本质上又是马克思主义史学传统的继承和发扬。

从方法论说，它既承袭了传统史学固有的因果联系分析方法又借助“辩证思维”，以历史辩证法的思辨方式把历史逻辑和哲理思辨完美地结合起来，对近代史上诸如爱国与卖国、革命与改良、西化与化西、新学与旧学、中体与西用、专制与民主等重大问题作了精到的分析，站在历史哲学的高度，揭示了社会转型过程中两者的范畴、矛盾、交融和转化，从而真正写出了近代社会形态的特殊性和过渡性。

从体系的构架看，它没有忽视政治史和重大事件在历史进程中具有阶段性的界标意义，而是进一步把这些阶段性的事件和由此引起的社会结构、社会意识、社会生活的变化整合而成一个反映社会全貌的整体，从而突破了两个过程、三次革命高潮、十大历史事件的传统模式。它以中国社会从古代封建社会到近代半殖民地半封建社会的转型和走向近代化的艰难过程为近代史的主线，以重大事件（包括政治斗争）冲击影响下的社会结构，诸如社会经济结构、政治体制结构、社会组织结构等,社会意识,包括社会思潮和思想主张、社会价值观念和文化心态,社会生活,包括社会习尚、城乡差异、生活样式等的变迁为辅线,组成纵横结合、前后呼应的构架;突破以重大历史事件描述为主的写作方法,采取史论结合、融文史哲为一体的思辨方法,从宏观上展示近代社会新陈代谢的历史面貌。

由此可知,《近代中国社会的新陈代谢》所建构的近代通史新体系,基本上是个介于传统与革新之间的体系。它既与马克思主义的史学传统一脉相承,又以社会史会通近代史而显出了自己的特色。作为回应历史新时期史学改革呼声的第一个代表性的作品,它的意义不仅在于为学术界提供了一个可以借鉴、参照甚至可以选择的新思路、新体系和新框架,而且在于昭示:一个新体系的诞生和传统有着割不断的联系,学术上的民族虚无主义是不可取的,只有在真正理解传统之后超越传统,革新才有生命力。这就是当代中国史学发展的路向。

作者附记：本文写作过程中，承顾卫民教授提供有关蒋廷黻的传记资料，谨致深切谢意。

---

①《近代中国外交史资料辑要》，收录了1822年(清道光二年)至1895年(光绪二十一年)中外交涉的重要文献共799篇。1931年11月由商务印书馆出版上卷，1934年11月出版中卷。下卷未见出版。台湾商务印书馆于1969年、1970年分别再版上、中卷，也未见出版下卷。估计蒋廷黻在1935年弃学从政后，已无时间与精力编完下卷。

② 陈旭麓：《重印前言》，《中国近代史・外三种》，岳麓书社1987年版，第6页。

③、⑥ 蒋廷黻口述、谢钟琏译：《蒋廷黻回忆录》(以下简称《回忆录》)，第一章：《我的先人和老家》，台湾传记文学出版社1984年版，第5页。该回忆录是蒋廷黻于1965年退休后，应美国哥伦比亚"中国口述历史学部"之邀，口述生平经历的结集。原稿系英文。台湾《传记文学》杂志从哥大购得英文原稿，约请谢钟琏译成中文，在该杂志分期连载，并于1979年出版单行本。

蒋廷黻传记，迄今为止惟有陈之迈著《蒋廷黻的志事与平生》一书，但写得过于简略，这使我在写作本文时深感棘手。幸好有他的回忆录可资利用，才多少感到踏实点。这也是本文在涉及蒋廷黻经历及家世等时，经常使用《回忆录》及陈之迈《志事与平生》的原因。哥伦比亚大学"中国口述历史学部"能做中国文化人的口述历史，真是件大好事。类似蒋廷黻这样的《回忆录》，还有《胡适口述自传》(唐德刚译注，华东师范大学出版社1993年出版)等。据唐德刚先生说，哥大中国口述历史学部曾访问中国名流十余人,"因为受访者的教育背景、工作习惯、故事内容均各有不同,加以受派前往工作的访问人员的教育背景亦悬殊甚大,所以各个人的'口述历史'的撰录经过也人人不同。其中纯洋式的则采取西人'口授'(dictation)的方式;纯中国式的,则几乎采取一般茶余酒后的聊天方式。介于二者之间的,则往往是受访者以中文口述,访问人员直接以英文撰稿。"(见《胡适口述自传》第三章第[12]注释,华东师大版第46—47页)

三年前,笔者与复旦历史系若干同仁通过余子道教授的联络,也曾接受哥大中国口述历史学部委托,做过中国现代史上的几个课题,如《日伪时期上海的"跑单帮"》等。采取的方法是请当事者座谈、同步录音,然后根据录音整理成中文,并作该专题的中文历史报告(有如座谈会综述)。完成后即将座谈会录音带、音带的中文整理稿及综述报告都交给了哥大"中国口述历史学部"。1996年,笔者参加在广东召开的"孙中山与中国近代化"国际学术讨论会,见到吴相湘教授时,吴老先生希望复旦历史系继续参与这项有意义的工作。

④《回忆录》第二章:《家人和邻居》,第11页。

⑤ 蒋廷黻说:"大伯父为人很文弱。他早年就吸鸦片烟。我常看到他一榻横陈,喷云吐雾。"(见《回忆录》第一章,第6页)

⑦ 蒋在《回忆录》中说:"家父也是一个实事求是的人。他认为经商是一种很好的职业,因为经商可以过正经而快乐的生活。如果他说话能算数的话,他就会要我哥哥和我到店里去当学徒,将来做个生意人。"(第一章,第5页)

⑧ 蒋的继母是位寡妇,娘家颇富有。嫁过来后曾生过一个女孩,3岁时夭折了。蒋对继母的称颂在第三章中有好几段内容。

⑨ 陈之迈:《蒋廷黻的志事与平生》(一),《传记文学》八卷三期第4页。

⑩ 事见《回忆录》第四章:《新学校、新世界》,第27页。蒋的二伯父十分

了得，从《回忆录》中可以看出，他比蒋的父亲更见多识广，也更关心侄辈的功名。没有二伯父对蒋学业的关注，蒋廷黻不可能有今后的发展，充其量只能进私塾读点书后终老乡里。

⑪ 蒋廷黻加入基督教，并非因为宗教狂热，而是有感于教徒对社会公益事业的热忱关怀。他在《回忆录》中说过自己做基督徒的经过："我应该再补充一下，在湘潭美国教会学校念书时的最后一段生活。信基督教的问题我是从未考虑过。我当时十六岁，对基督教的教义知道得很少，而且成为基督徒的倾向也很小。但我在湘潭参加长老会的聚会已有五年之久。凯卜勒博士、杜克尔博士、温德堡博士(沈案：凯卜勒是位传教士，后两人是湘潭长老会医院的医生)，特别是林格尔夫妇，他们的热心以及对社会福利事业的关怀，使我深受感动。于是我想一个对人类深具影响力，又能使很多教士热心公益的宗教必然是一种好宗教。经过这一番推理，我最终答应林格尔夫人受洗，这就是我做基督徒的经过。"(《回忆录》第五章：《教会学校时期》，第 43—44 页)

⑫《回忆录》第五章，第 38 页。

⑬ 蒋廷黻自述去美留学的想法，有一段令人费解的文字："林格尔夫人对学生们说，恐怕革命后要有一段混乱时期，为了安全，她决定关闭学校。她要我们暂时回家，她也要暂返美国。当时我才十六岁，如果说参加革命，又太年轻，如果说静止不动，又嫌太大。我当时回忆麦尔斯通史中所述的法国和美国革命，我想：难道说要我枯等七年或者甚至二十五年，静待革命过去才读书吗？不，这样不行。我想：最好的主意是随林格尔夫人到美国去读书，待革命过后再回中国。我认为我的想法妙极了。当我告诉林格尔夫人我的想法时，她问我：'你家人同意你随我到美国去吗？他们能供给你必需的费用吗？'我非常高兴她这一问，因为这说明她同意我的计划。"(第五章，第 42—43 页)这段文字的费解在于他赴美留学和当时的中国革命有何关系没有说清楚。从

字面意义看，好像他怕革命从动乱到成功的时间太长，迫不得已才去美国读书的。其实是，他在教会学校中对美国早已有强烈向往。正如费正清所说："在实际进程中他终于美国化了。他的老师，即林格尔夫人（Mrs. Jean Lingle），几乎成为他的养母，他也成为一名虔诚的基督徒，怀着极为强烈向往西方的愿望。"（[美]费正清著、陆慧勤等译：《费正清对华回忆录》，知识出版社 1991 年版，第 98 页）既然是早已向望去美，为什么又要与辛亥革命乃至法国革命、美国革命扯在一起呢？我们当然不敢说他隐瞒了原始思想，但至少可以说回忆录常常会有太理性化的特点。这也是我为什么把大段原文放在注释里而不作正文的原因。

⑭ 蒋廷黻去美经费是从靖港的店铺中向二堂兄借的。从《回忆录》的叙述内容看，他去美国并没有告诉父亲与二伯父。最初，他和林格尔夫人一起从湘潭顺流而下到上海。但到上海后，林格尔夫人突然变卦，不再返回美国而要回湘潭继续办学，并要蒋同回湘潭。蒋当时认为已经走了将近一半的路程，不能半途而废，"不论林格尔夫人回不回湘潭，我都要去美国"。于是在林格尔夫人安排下，他从上海出发，只身赴美。以上均见《回忆录》第五章。

⑮《回忆录》第六章：《留美初期》，第 54 页。

⑯ 他的女儿蒋寿仁在《欣慰与回忆》一文中写道："我在纽约读大学时，父亲常回忆他在美国读书的情形。他初到美国，在一个小城的中学半工半读，一切没上轨道，就生了一场大病。那时候，他英文会话还有困难，又没有钱，是小城的社会力量照顾了他，因此父亲很看重他们，这也是父亲在青少年时代对基督教教义发生兴趣的一个重要原因。"（见岳麓版《中国近代史·外三种》，第 198 页。）

⑰ 蒋廷黻在大学期间修过化学、生物学、植物学以及心理学、进化论等课程。

⑱、⑳《回忆录》第七章《四年美国自由教育》，第 62 页及第 59 页。

⑲《回忆录》第七章，第 62—63 页。俾斯麦(1815—1898)，德国政治家，曾任普鲁士王国首相和德意志帝国首相。推行“铁血政策”，发动丹麦战争、普奥战争和普法战争，统一了德意志。1871 年参与镇压巴黎公社。推行大陆政策，确立德国在欧洲大陆的霸权。1890 年去职。著有《回忆录》。

加富尔(1810—1861)，意大利政治家。曾任撒丁王国首相和意大利王国首相。1855 年联合英、法、土耳其发动抗击沙俄的克里米亚战争。1859 年又联合法国发动对奥战争，收复伦巴第，但又将尼斯等地割让法国，换取意大利北部的统一。1861 年合并西西里和那不勒斯，成立意大利王国。

马志尼(1805—1872)，意大利民族独立运动领袖。早年曾加入“烧炭党”，后被驱逐出国。1831 年在法国马赛创立“青年意大利党”。策划并领导 1848 年意大利革命，成为 1849 年罗马共和国三头政治的领导人之一。意大利革命失败后，仍积极为意大利统一而坚持斗争，并支持加里波第对西西里与那不勒斯的远征。著有《论人的义务》等。

加里波第(1807—1882)，意大利民族独立运动领导人。早年当过海员。参加过“意大利青年党”。1834 年起义失败后流亡南美，参加巴西共和党人起义和维护乌拉圭独立的战斗。1848 年回国后领导保卫罗马共和国的斗争。1860 年率领“红衫军”解放西西里和那不勒斯，后将两地与撒丁王国合并。曾两度组织反对教皇统治罗马的军事斗争，都告失败。著有《加里波第自传》。

㉑㉒㉓《回忆录》第七章：《四年美国自由教育》，第 62—63 页。

㉔ 欧伯林学院的中国留学生人有 20 多名，在当时算是留学生较多的学校。蒋廷黻说：“在欧伯林的其他中国学生，大部分均较我年长，中文也较我好，但对自然科学不感兴趣。原因很简单，因为他们认为实验

室工作困难。”(见《回忆录》第七章,第 60 页)

㉕《回忆录》第八章:《赴法插曲》,第 65 页。

㉖㉗ 蒋廷黻说:“我对一向主张全世界人民自决的威尔逊,实在不解,何以他竟违背了他自己的原则”;又说:“不过,我想威氏此举必有不便公之于世的充分理由,也说不定。”(均见《回忆录》第八章,第 72 页)前一句是他对威尔逊的怀疑,后一句明显是为美国政府的弱肉强食外交辩护。

㉘ 1917 年北洋政府决定参战后,按照与协约国达成的一项协议,招募了十五万劳工前往法国,有的在兵工厂工作,有的配属盟军担任兵工。其中隶属于英军的有十万人,法军的有四万人,美军的有一万人。蒋廷黻加入由美国基督教青年会组织的“哥伦比亚骑士队”,到法国战地中国劳工营中去鼓励士气。

㉙《回忆录》第八章,第 72 页。蒋廷黻在巴黎期间,国内已经发生“五四运动”。对此,蒋在《回忆录》中并未提及,也未作评论。

㉚《回忆录》第九章:《哥大研究与华盛顿会议》,第 73—74 页。

㉛ 詹姆斯·鲁滨逊(1863—1936),毕业于哈佛大学。1890 年在德国弗赖堡大学获哲学博士学位。在德期间深受该国“新史学”思潮影响,回美国后竭力宣传“新史学”主张,成为美国“新史学派”开山祖。先在宾夕法尼亚大学任教,1895 年任哥伦比亚大学历史学教授,后又任美国历史学会会长。1919 年,在纽约创办“社会研究新书院”,编辑《美国历史评论》杂志。著有《西欧历史导论》、《文明的考验》,编有《新史学》论文集等。其中《新史学》一书,我国商务印书馆于 1964 年出版中译本。蒋廷黻就读哥大时,他正忙于创办社会研究新书院,所以没有能听他的课。

㉜ 关于美国“新史学”派的基本主张,可以参见张广智教授的著作《克丽奥之路——历史长河中的西方史学》,复旦大学出版社 1989 年版。

㉝《回忆录》第九章，第78页。

㉞㉟㊱ 参见蒋廷黻《中国近代史》第三章：《自强及其失败》；《总论》；另见陈之迈：《蒋廷黻的志事与平生》（一），《传记文学》八卷三期，第7页。

㊲㊳㊴ 陈之迈：《蒋廷黻的志事与平生》（一），《传记文学》八卷三期，第4页。

㊵ 同上书（五）、《传记文学》九卷一期，第26页。

㊶ 同上书（三），《传记文学》八卷五期，第43页。

㊷㊸ 罗家伦：《坛坫风凄》，《传记文学》八卷一期，第31页。关于"中国留美学生华盛顿会议后援会"的活动，陈翰笙：《四个时代的我》一书中也有回忆，但文中没有提及蒋廷黻，就像蒋的回忆录中也未提及陈翰笙一样。见陈书第24页，中国文史出版社1988年版。

㊹ 陈之迈：《蒋廷黻的志事与平生》（五），《传记文学》九卷一期，第25页。蒋廷黻五岁时，由母亲作主和邻村贺姓之女订婚。在美攻读大学期间，他一再写信给家里要求解除婚约，直到临近毕业时婚约正式解除。蒋在大学里有过一位名叫凯塞琳的美国女友，但最终没有结秦晋之好。蒋廷黻和唐玉瑞的婚姻在抗战胜利后不久便告破裂。与唐离婚后，他与沈恩钦女士在纽约举行了简朴的婚礼。

㊺ 蒋廷黻在私塾里曾读过《三字经》、《四书》、《五经》等典籍，后来一直没有接触传统学问，所以他自知"国学基础很差"，便从六岁时在乡间所读的书开始温习，重读《四书》、《五经》。

㊻ 马士（1855—1933）美国人，生于加拿大。1917年入英国籍。1874年毕业于哈佛大学后考入中国海关。1877年任天津海关帮办，次年调北京总税务司署任职兼任京师同文馆英文教习。1879年调任中国海关伦敦办事处帮办，1883年回华任天津海关税务司德璀琳助手。1885年后曾一度脱离海关帮助李鸿章整顿轮船招商局。1887年回海关，历任上海副税务司、北海副税务司、淡水副税务司、龙州、汉口、广州税务

司。1909年退休。著有《中国泉币考》、《中朝制度考》、《中国公行考》、《中华帝国对外关系史》(三卷)、《东印度公司对华贸易编年史》(五卷),《太平天国纪事》等书。其中《中华帝国对外关系史》第一卷出版于1910年,第二、三卷出版于1918年,是美国各大学研究中国近代外交史最风行的教材之一。此书已由张汇文等译成中文,于1957—1958年由三联书店出版。1963年改由商务印书馆出版。

㊼㊿《回忆录》第十章:《革命仍须努力》,第95页;第97页。

㊽ 据陈之迈说:哥大设有历史研究法一科,为历史研究生所必修,主要内容是教导学生如何判别、使用史料;在写作博士论文时指导学生怎样选择、编排史料。蒋廷黻在哥大时受过这种严格训练,回国后即应用于中国外交史的研究。见《志事与平生》(一),《传记文学》八卷三期,第5页。

㊾ 早在1914年,上海华昌印刷局就曾出版过刘彦编著的《中国近时外交史》一书。1926年商务印书馆出版的曾友豪编著《中国外交史》,1928年南京外交研究社出版王正廷《中国近代外交概要》,都比蒋廷黻《近代中国外交史资料辑要》出书早。

㊿ 陈之迈:《蒋廷黻的志事与平生》(一),《传记文学》八卷三期第5页。另见李济:《回忆中的蒋廷黻先生》,《传记文学》八卷一期,第28页。

52《回忆录》第十一章:《国内游历》,第119页。

53 清华大学的前身可以追溯到1909年(清宣统元年)8月建立的游美学务处肄业馆。这个机构是为利用美国退还庚子赔款余款,选取学生赴美留学前进行训练而设立的。1911年改名为清华学校。1925年成立正式大学,校长仍由外交部委任。1928年改为国立,由外交部与教育部双重领导。

54 罗家伦:《坛坫风凄》,《传记文学》八卷一期,第32页。

55 参见[美]费正清主编、章建刚等译:《剑桥中华民国史》第二部第八章

《学术界的发展》,第 422 页,上海人民出版社 1992 年版。

㊹ 陈之迈:《蒋廷黻的志事与平生》(一),《传记文学》八卷三期,第 6 页;《回忆录》第十二章《清华时期》,第 124 页。

㊿《回忆录》第十二章,第 124—125 页。

58《志事与平生》(一),《传记文学》八卷三期,第 6 页。

596061《回忆录》第十二章,第 130 页;131 页;121 页。

62 有关蒋廷黻在清华期间收集史料的情况,《回忆录》第十二章中有详细、生动的描述。

63119 见岳麓版《中国近代史·外三种》第 124 页;第 9 页。

6465《回忆录》第十二章,第 129 页。

6667 陈之迈:《蒋廷黻的志事与平生》(六),《传记文学》九卷二期,第 31 页。

68 清华教授住宅集中于三处:北院、南院、新南院。蒋廷黻住北院,与蒋同住北院的有哲学系金岳霖,政治系张奚若、钱端升,物理系萨本栋、周培源等人。北院七号为物理系教授叶企孙和经济系教授陈岱荪两家的住宅,是清华教授常于饭后小聚之处。蒋廷黻称之为"非正式的俱乐部"。

69《回忆录》第十三章:《"九一八事变"与〈独立评论〉》,第 139 页。

70717273《回忆录》第十三章,第 137—139 页。

74《回忆录》第十三章,第 137—139 页。

75 蒋廷黻:《我所记得的丁在君》,《蒋廷黻选集》,第 6 册,传记文学出版社,1978 年再版本,第 1085 页。

76《回忆录》第十三章,第 139 页。

77 关于创办《独立评论》一事,胡适在其所著《丁文江传》一书中有一段文字:"《独立评论》是我们几个朋友在那个无可如何的局势里认为还可以为国家尽一点点力的一件工作。当时北平城里和清华园的一些朋友常常在我家里或在欧美同学会里聚会，常常讨论国家和世界的形势。就有人发起要办一个刊物来说说一般人不肯说或不敢说的老实话。

在君(沈案：丁文江字在君)和我都有过创办《努力周报》的经验，知道这件事不是容易的，所以都不很热心。当时我更不热心……"(海南出版社 1993 年版 119 页)

可见，胡适最初对办《独立评论》既非首倡，也不赞成。除胡适外，丁文江也是不热心者之一。但蒋廷黻在《回忆录》中称第一个给他的提议"浇冷水"的是陶孟和，胡适也反对，但没有陶那样激烈。蒋廷黻不仅没有提到丁文江，而且说他是个支持者："过了一周，任家约我和另一些人到他们家中去吃饭。我又提出办刊物的想法，他们又和过去一样表示反对。但出我意料的，丁文江倡议：为了测量一下我们的热忱，不妨先来筹募办刊物的经费……他提议我们每人每月捐助收入的百分之五……"(《回忆录》第十三章，第 139 页)

⑱⑲ 胡适：《丁文江传》，海南出版社 1993 年版，第 121 页；122 页。

⑳㉔㉕《回忆录》第十三章，第 140 页；141 页；142 页。

㉑ 陈之迈《蒋廷黻的志事与平生》(一)，《传记文学》八卷三期，第 6 页。

㉒《回忆录》第十三章，第 144 页；《志事与平生》(一)，《传记文学》八卷三期，第 6—7 页。

㉓ 蒋廷黻：《论专制并答胡适之先生》，《独立评论》第 83 号(1933 年 12 月 31 日)。

㉖㉗㉙ 蒋廷黻：《国民党与国民党员》，《独立评论》第 176 号(1935 年 11 月 10 日)。

㉘ 蒋廷黻：《陈果夫先生的教育政策》，《独立评论》第 4 号(1932 年 6 月 12 日)。

㉚ 胡适：《中国政治出路的讨论》，《独立评论》第 17 号(1932 年 9 月

11 日）。

⑨1《大公报》，1902 年 6 月（清光绪二十八年五月）创刊于天津。日报，创办人为英敛之。社址设于天津法租界狄总领事路。1916 年由安福系财阀王郅隆接办，1925 年 11 月 27 日停刊，是为早期的《大公报》。1926 年 9 月 1 日起，由吴鼎昌、胡政之、张季鸾合作接办，在中小资产阶级及知识分子中有广泛影响。曾增出上海、汉口、长沙、重庆、桂林、香港等版。1949 年 2 月天津解放后，《大公报》改名《进步日报》；上海版《大公报》则仍继续出版。1953 年元旦，《进步日报》与上海《大公报》合并为天津《大公报》。1956 年 10 月 1 日迁往北京。1966 年 9 月 10 日停刊。

⑨2⑨3⑨4⑨5《回忆录》第十三章《〈九一八事变〉与〈独立评论〉》，第 145 页；146 页；146—147 页；148 页。

⑨6 关于蒋廷黻访苏一事的前因后果，石源华教授所著的《中华民国外交史》有很好说明。见该书第 520—521 页，上海人民出版社 1994 年版。

⑨7⑨9⑩0《回忆录》第十四章：《赴俄考察与欧洲之旅》，第 153 页；155 页；156 页。

⑨8《苏联外交文件》第 17 卷，第 641 页。转引自石源华《中华民国外交史》，第 520 页。

⑩1 鲁森伯（通译罗森堡，1893—1946）生于勒伐尔（今爱沙尼亚塔林），曾就学于莫斯科大学建筑系，1917 年离校，翌年去德国，1919 年参加纳粹党，参与啤酒店暴动。后长期从事新闻出版事业。1930 年成为联邦议院议员。希特勒上台后，为其制定外交政策。1941 年起担任东方占领区事务部部长，积极推行日耳曼化政策。德国战败后被纽伦堡国际军事法庭判处死刑。著有《未来德意志对外政策指南》、《二十世纪的神话》等书多种。

⑩2 韦伯斯特（1886—1961），英国历史学家，曾任不列颠学院院长、历史科

学国际委员会副主席。

泰奈(通译托尼,1880—1962),英国经济史学家,伦敦大学教授。参加工党,并为费边社社员。对资本主义生产方法、圈地运动、英国乡绅阶级的兴起等均有著述。所著《中国的土地与劳工》一书,其最后一章为泛论中国的政治与教育。蒋廷黻将这一章全文译出,分两期在《独立评论》上发表。

汤因比(1889—1975),英国历史学家,历史形态学派的代表人物。牛津大学教授,一度任皇家国际事务学会研究部主任。著述甚丰,代表作为《历史研究》12卷本,阐述世界文化演变历史,在西方有广泛影响。

⑩③ 蒋廷黻在《独立评论》上共发表了9篇《欧游随笔》,其中《经过"满洲国"》(第123期)、《车窗中所看见的西比利亚》(第124期)、《观莫斯科》(第125期)、《观列宁格勒》(第128期)、《赤都的娱乐》(第132期)、《出苏俄境》(第138期)、《俄德的异同》(第139期)等8篇,收入由李敖主编的《蒋廷黻选集》,台北文星书店1965年版。本文所引原文,见《回忆录》第十四章,第170页。

⑩④ 蒋廷黻参与善后救济工作早在1943年即已开始。该年10月5日,行政院议决由蒋廷黻任出席联合国善后救济会议代表。11月30日,蒋廷黻当选为联合国善后救济会远东区委员会主席。1944年4月任善后救济调查委员会主任委员。但这些都是兼职,直到行政院于12月设立善后救济总署时,蒋廷黻才真正从政务处长转任救济总署署长。

⑩⑤ 蒋廷黻于1961年调任"驻美大使"时,仍兼任"驻联合国常任代表",直到1962年才停止兼任。

⑩⑥ 据蒋廷黻在《回忆录》中说:他在益智学堂读小学时,"念书之外,同学和我常作白日梦,其中最重要的一种是救中国。我们幻想许多使中国富强的方法。为了神圣的救国使命我们还把工作分配好。就回忆所及,我常任军事领袖,目的是训练军队打败入侵的外国人。其他同学

有的从事教育，有的从事财政，有的从事农业。”见第五章：《教会学校时期》，第 40 页。

⑩⑦《回忆录》第十三章，第 145—146 页。

⑩⑧ 沈怡：《〈蒋廷黻的志事与平生〉序》，《传记文学》九卷五期，第 8 页。

⑩⑨ 陈之迈：《蒋廷黻的志事与平生》（六），《传记文学》九卷二期，第 33 页。

⑪⓪《回忆录》第十五章：《行政院政务处长时期》，第 173 页。

⑪⑪ 胡适赠诗两句：“寄语麻姑桥下水，出山还比在山清。”因这两句诗，后来蒋廷黻曾用过“泉清”的笔名。见《蒋廷黻的志事与平生》（一），《传记文学》八卷三期，第 6 页。

⑪⑫ 蒋廷黻：《革命与专制》，《独立评论》第 80 号（1933 年 12 月 10 日）。

⑪⑬ 参见《回忆录》第十三章第 149 页有关对蒋介石南昌行营的军事、政治、财经措施的描述，费正清指出：在蒋廷黻看来，“问题不在于懂得做什么，而在于把该做的事做完。他宣称支持一个强有力的、甚至是独裁的领袖，这样的人物只有蒋介石才能当之无愧。”（《费正清对华回忆录》，第 101 页）

⑪⑭ 据《胡适的日记》（手稿本）所记，1933 年 3 月 3 日，因热河危机，胡适约丁文江、翁文灏致电蒋介石，望蒋能亲临指挥、挽救热河；3 月 13 日，胡适与丁文江、翁文灏、刘子楷等去见蒋介石。参见章清：《胡适派学人群与现代中国自由主义的趋向》，《史林》1998 年第 1 期。

⑪⑤⑪⑦《费正清对华回忆录》，知识出版社 1991 年版，第 103 页。

⑪⑥ 有关行政院政务处的职掌，蒋廷黻在《回忆录》中说得很清楚。他说：“行政院是中国最高的行政单位。由于蒋委员长兼任院长，所以需要秘书人员辅佐他。秘书人员分成两部分：一部分是以秘书长为首，下有秘书十名。另一部分以政务处长为首，下有参事十名。就理论说，秘书长是协助院长执行政务的，而政务处长是替院长拟订政策的。”（第十五章，第 172 页）当时，地质学家翁文灏担任秘书长。虽然作为

政务处长的蒋廷黻，在公事上是与翁平行的，但翁年长于蒋，在经验声望各方面都是“老大哥”，所以蒋廷黻“一开始就把政务处作为翁的附属单位，尽量采纳他的意见。”（同上，第 173 页）

⑲ 参见《艺文丛书总序》第 1 页。

⑳ 郭廷以编：《近代中国史》第 1 册《引论》，商务印书馆 1947 年版，第 11 页。

㉑ 同上书、册，《例言》第 1 页。

㉒ 这里所说蒋廷黻一生著作不多，是指他的学术论著不多。1965 年，台北文星书店在蒋廷黻逝世不久，即出版《蒋廷黻选集》1—6 册（李敖作序），共收录蒋廷黻文论 167 篇。1978 年这套选集由传记文学出版社再版，除删去李敖序文外，其余均照初版排印。笔者所据即传记文学出版社版本。

㉓《蒋廷黻选集》第 1 册，第 45 页。

㉔《回忆录》第十二章：《清华时期》，第 126—128 页。

㉕ 陈师这篇《重印前言》，先以《中古·近代化·民族惰性》为题，发表于 1986 年 6 月 16 日《文汇报》。

㉖㉗㉚ 蒋廷黻：《中国近代史·外三章》：《总论》，岳麓版第 13 页；第 11 页。

㉘ 同上书，第 36 页。以下节叙各章内容的引文均见蒋著《中国近代史》岳麓版，不另注明。

㉙ 蒋廷黻：《中国近代史》商务印书馆 1939 年版，第七节，第 127 页。

㉛㉜ 蒋廷黻：《中国近代史·外三种》，岳麓版第 24 页。

㉝㊱㊲ 同上书，第 58 页；第 17 页；第 30 页。

㉞ 李群：《杀人篇》，原载《清议报》第 88 期。转引自张枬、王忍之编：《辛亥革命前十年间时论选集》，第一卷上册，三联书店 1960 年版，第 22 页。

⑬⑤ 陈旭麓:《重印前言》,蒋廷黻《中国近代史·外三种》,岳麓版,第5页。

⑬⑧ 那是道光帝在嘉奖广州反入城有功人员的上谕中说的话:“夷务之兴,将十年矣。沿海扰累,糜饷劳师,近年虽略臻静谧,而驭之之法,刚柔不得其平,流弊以渐而出。朕深恐沿海居民有蹂躏之虞,故一切隐忍待之。盖小屈必有大伸,理固然也……”见梁廷枏《夷氛闻记》卷五,《鸦片战争》资料丛刊本,第6册,第100页。又,关于鸦片战争后清政府的对外方针由抚转剿的变化,可参阅拙作《1843—1847年广州与上海对外关系的探讨》,《现代与传统》第二辑,1994年。

⑬⑨《软尘私议》,《鸦片战争》资料丛刊本,第5册,第529页。

⑭⓪ 梁启超:《清代学术概论》,第79页。

⑭①《户部进呈江南司郎中汤鹏为敌筹善后事宜三十条折》,《鸦片战争档案史料》第6册,第378—396页。

⑭② 有关汤鹏的奏议内容及其在当时的影响,可参见拙作《〈南京条约〉与中国士大夫散论》,《史林》1997年第3期。

⑭③ 见拙著《论陈宝琛与“前清流”》,《复旦学报》1995年第1期。

⑭④ 李敖:《蒋廷黻选集序》,文星书店1965年版,第14页。

⑭⑤ 引自刘凤翰:《蒋廷黻博士对中国近代史上几个问题的见解》,《传记文学》七卷六期,第27页。

⑭⑥ 郭廷以编:《近代中国史》第一册,“例言”,第2页。

⑭⑦ 李济:《回忆中的蒋廷黻先生》,《传记文学》八卷一期,第28页。

中国近代史

蒋廷黻　撰

总　论

中华民族到了十九世纪就到了一个特殊时期。在此以前，华族虽已与外族久已有了关系，但是那些外族都是文化较低的民族。纵使他们入主中原，他们不过利用华族一时的内乱而把政权暂时夺过去。到了十九世纪，这个局势就大不同了，因为在这个时候到东亚来的英、美、法诸国绝非匈奴、鲜卑、蒙古、倭寇、满人可比。原来人类的发展可分两个世界，一个是东方的亚洲，一个是西方的欧美。两个虽然在十九世纪以前曾有过关系，但是那种关系是时有时无的，而且是可有可无的。在东方这个世界里，中国是领袖，是老大哥，我们以大哥自居，他国连日本在内，也承认我们的优越地位。到了十九世纪，来和我们打麻烦的不是我们东方世界里的小弟们，是那个素不相识而且文化根本互异的西方世界。

嘉庆道光年间的中国人当然不认识那个西方世界。直到现在，我们还不敢说我们完全了解西洋的文明。不过有几点我们是可以断定的。第一，中华民族的本质可以与世界上最优秀的民族比。中国人的聪明不在任何别的民族之下。第二，中国的物产虽不及俄、美两国的完备，然总在一般国家水平线之上。第三，我国秦始皇的废封建为郡县及汉唐两朝的伟大帝国足证我民族是有政治天才的。是故论人论地，中国本可大有作为。然而到了十九世纪，我民族何以遇着空前的难关呢？第一是因为我们的科学不及人。人与人的竞争，民族与民族的竞争，最足以决胜负的，莫过于知识的高低。科学的知识与非科学的知识比赛，好像汽车与洋车的比赛。在嘉庆道光年间，西洋的科学基础已经打好了，而我们的祖先还在那里作八股文，讲阴阳五行。第二，西洋已于十八世纪中年起始用机械生财打仗，而我们的工业、农业、运输、军事，仍保存唐宋以来的模样。第三，西洋在中古的政治局面很像中国的春秋时代,文艺复兴以后的局面很像我们的战国时代。在列强争雄的生活中,西洋人养成了热烈的爱国心,深刻的民族观念;我们则死守着家族观念和家乡观念。所以在十九世纪初年,西洋的国家虽小,然团结有如铁石之固;我们的国家虽大,然如一盘散沙,毫无力量。总而言之,到了十九世纪西方的世界已经具备了所谓近代文化。而东方的世界则仍滞留于中古,我们是落伍了!

近百年的中华民族根本只有一个问题,那就是:中国人能近代化吗?能赶上西洋人吗?能利用科学和机械吗?能废除我们家族和家乡观念而组织一个近代的民族国家吗?能的话我们民族的前途是光明的;不能的话,我们这个民族是没有前途的。因为在世界上,一切的国家能接受近代文化者必致富强,不能者必遭惨败,毫无例外。并且接受得愈早愈速就愈好。日本就是一个好例子。日本的原有土地不过中国的一省,原有的文化几乎全是隋唐以来自中国学去的。近四十余年以来,日本居然能在国际上作一个头等的国家,就是因为日本接受近代文化很快。我们也可以把俄国作个例子。俄国在十五世纪、十六世纪、十七世纪也是个落伍的国家，所以那时在西洋的大舞台上，几乎没有俄国的地位。可是在十七世纪末年，正当我们的康熙年间，俄国幸而出了一个大彼得，他以专制皇帝的至尊，变名改姓，微服到西欧去学造船，学炼钢。后来他又请了许多西欧的技术家到俄国去，帮助他维新。那时许多的俄国人反对他，尤其是首都莫司哥（即莫斯科，下同）的国粹党。他不顾一切，奋斗到底，甚至迁都到一个偏僻的，但是滨海的尼瓦河（即涅瓦河，下同）旁，因为他想靠海就容易与近代文化发源地的西欧往来。俄国的近代化基础是大彼得立的，他是俄罗斯民族大英雄之一，所以今日的斯塔林（即斯大林，下同）还推崇他。

土耳其的命运也足以表示近代文化左右国家富强力量之大。在十九世纪初年，土耳其帝国的土地跨欧、亚、非三洲，土耳其人也是英勇善战的。却是在十九世纪百年之内，别国的科学、机械和民族主义有一日千里的长进，土耳其则只知保守，因此土耳其遂受了欧洲列强的宰割。到了一八七八年以后，土耳其也有少数青年觉悟了非维新不可，但是他们遇着极大的阻力：第一，土耳其的国王，如我国的清朝一样，并无改革的诚意。第二，因为官场的腐败，创造新事业的经费都被官僚侵吞了，浪费了。国家没有受到新事业的益处，人民已加了许多的苛捐杂税，似乎国家愈改革就愈弱愈穷。关于这一点，土耳其的近代史也很像中国的近代史。第三，社会的守旧势力太大，以至有一个人提倡维新，就有十个人反对。总而言之，土耳其在十九世纪末年的维新是三心二意的，不彻底的，无整个计划的，其结果是在上次世界大战中的惨败，国家几致于灭亡。土耳其人经过那次大国难以后一致团结起来，拥护民族领袖基马尔，于是始得复兴。基马尔一心一意为国家服务，不知有他。他认识了时代的潮流，知道要救国非彻底接受近代的文化不可。他不但提倡科学、工业，他甚至改革了土耳其的文字，因为土耳其的旧文字太难，儿童费在文字上的时间和脑力太多，能费在实学上的必致减少。现在土耳其立国的基础算打稳了。

日本、俄国、土耳其的近代史大致是前面说的那个样子。这三国接受了近代的科学、机械及民族主义，于是复兴了，富强了。现在我们要研究我们的近代史。我们要注意帝国主义如何压迫我们。我们要仔细研究每一个时期内的抵抗方案。我们尤其要分析每一个方案成败的程度和原因。我们如果能找出我国近代史的教训,我们对于抗战建国就更能有所贡献了。

第一章　剿夷与抚夷

第一节　英国请中国订立邦交

在十九世纪以前，中西没有邦交。西洋没有派遣驻华的使节，我们也没有派大使公使到外国去。此中的原故是很复杂的。第一，中西相隔很远，交通也不方便。西洋到中国来的船只都是帆船。那时没有苏彝士运河，中西的交通须绕非洲顶南的好望角，从伦敦到广州顶快需三个月。因此商业也不大。西洋人从中国买的货物不外丝茶及别的奢侈品。我们的经济是自足自给的，用不着任何西洋的出品。所以那时我们的国际贸易总有很大的出超。在这种情形之下，邦交原来可以不必有的。

还有一个原故，那就是中国不承认别国的平等，西洋人到中国来的，我们总把他们当作琉球人、高丽人看待。他们不来，我们不勉强他们。他们如来，必尊中国为上国而以藩属自居。这个体统问题，仪式问题就成为邦交的大阻碍，“天朝”是绝不肯通融的，中国那时不感觉有联络外邦的必要，并且外夷岂不是蛮貊之邦，不知礼义廉耻，与他们往来有什么好处呢？他们贪利而来，天朝施恩给他们，许他们作买卖，藉以羁縻与抚绥而已。假若他们不安分守己，天朝就要“剿夷”。那时中国不知道有外交，只知道“剿夷与抚夷”。政治家分派别，不过是因为有些主张剿，有些主张抚。

那时的通商制度也特别。西洋的商人都限于广州一口。在明末清初的时候，西洋人曾到过漳州、泉州、福州、厦门、宁波、定海各处。后来一则因为事实的不方便，二则因为清廷法令的禁止，就成立了所谓一口通商制度。在广州，外人也是不自由的，夏秋两季是买卖季，他们可以住在广州的十三行，买卖完了，他们必须到澳门去过冬。十三行是中国政府指定的十三家可以与外国人作买卖的。十三行的行总是十三行的领袖，也是政府的交涉员。所有广州官吏的命令都由行总传给外商；外商上给官吏的呈文也由行总转递。外商到广州照法令不能坐轿，事实上官吏很通融。他们在十三行住的时候，照法令不能随便出游，逢八（那就是初八，十八，二十八）可以由通事领导到河南的“花地”去游一次。他们不能带军器进广州。“夷妇”也不许进去，以防“盘踞之渐”。顶奇怪的禁令是外人不得买中国书，不得学中文。第一个耶稣教传教士马礼逊博士的中文教师，每次去授课的时候，身旁必须随带一只鞋子和一瓶毒药，鞋子表示他是去买鞋子的，不是去教书的，毒药是预备万一官府查出，可以自尽。

那时中国的海关是自主的，朝廷所定的海关税则原来很轻，平均不过百分之四，清政府并不看重那笔海关收入，但是官吏所加的陋规极其繁重，大概连正税要收货价百分之二十。中国法令规定税则应该公开；事实上，官吏绝守秘密，以便随意上下其手。外人每次纳税都经过一种讲价式的交涉，因此很不耐烦。

中国那时对于法权并不看重。在中国境内外国人与外国人的民刑案件，我国官吏不愿过问，那就是说，自动的放弃境内的法权。譬如，乾隆十九年，一个法国人在广州杀了一个英国人，广州的府县最初劝他们自己调解。后因英国坚决要求，官厅始理问。中国与外国人的民事案件总是由双方设法和解，因为双方都怕打官司之苦。倘若中国人杀了外国人，官厅绝不偏袒，总是杀人者抵死，所以外人很满意。只有外国人杀中国人的案子麻烦，中国要求外人交凶抵死，在十八世纪中叶以前，外人遵命者多，以后则拒绝交凶，拒绝接收中国官厅的审理，因为他们觉得中国刑罚太重，审判手续太不高明。

外人最初对于我们的通商制度虽不满意，然而觉得既是中国的定章，只好容忍。到了十八世纪末年(乾隆末年，嘉庆初年)外人的态度就慢慢的变了。这时中国的海外贸易大部分在英国的东印度公司手里。在广州的外人之中，英国已占领了领袖地位。英国此时的工业革命已经起始，昔日的手工业都慢慢的变为机械制造。海外市场在英国的国计民生上一天比一天紧要，中国对通商的限制，英国认为最不利于英国的商业发展。同时英国在印度已战胜了法国，印度半岛全入了英国的掌握。以后再往亚东发展也就更容易了,因为有了印度作发展的根据地。

当时欧洲人把乾隆皇帝作为一个模范的开明君主看。英国人以为在华通商所遇着的困难都是广州地方官吏作出来的。倘若有法能使乾隆知道,他必愿意改革。一七九二年(乾隆五十七年)正是乾隆帝满八十岁的一年,如果英国趁机派使来贺寿,那就能得着一个交涉和促进中英友谊的机会。广州官吏知道乾隆的虚荣心,竭力怂恿英国派使祝寿。于是英国乃派马戛尔尼侯(Lord Macartney)为全权特使来华。

马戛尔尼使节的预备是很费苦心的。特使乘坐头等兵船,并带卫队。送乾隆的礼物都是英国上等的出品。用意不外要中国知道英国是个富强而且文明的国家。英政府给马戛尔尼的训令要他竭力迁就中国的礼俗,惟必须表示中英的平等。交涉的目的有好几个:第一,英国愿派全权大使常驻北京,如中国愿派大使到伦敦去,英廷必以最优之礼款待之。第二,英国希望中国加开通商口岸。第三,英国希望中国有固定的,公开的海关税则。第四,英国希望中国给她一个小岛,可以供英国商人居住及贮货，如同葡萄牙人在澳门一样。在乾隆帝方面，他也十分高兴迎接英国的特使，但是乾隆把他当作一个藩属的贡使看待，要他行跪拜礼。马戛尔尼最初不答应，后来有条件的答应。他的条件是：将来中国派使到伦敦去的时候，也必须向英王行跪拜礼；或是中国派员向他所带来的英王的画像行跪拜答礼。他的目的不外要表示中英的平等。中国不接受他的条件，也就拒绝行跪拜礼。乾隆帝很不快乐，接见以后，就要他离京回国。至于马戛尔尼所提出的要求，中国都拒绝了。那次英国和平的交涉要算完全失败了。

十八世纪末年和十九世纪初年，欧洲正闹法兰西革命和拿破仑战争，英国无暇顾及远东商业的发展。等到战事完了，英国遂派第二次的使节来华，其目的大致与第一次同。但是嘉庆给英使的待遇远不及乾隆，所以英使不但外交失败，并且私人对我的感情也不好。

英国有了这两次的失败，知道和平交涉的路走不通。

中西的关系是特别的。在鸦片战争以前，我们不肯给外国平等待遇；在以后，他们不肯给我们平等待遇。

到了十九世纪，我们只能在国际生活中找出路，但是嘉庆、道光、咸丰年间的中国人，不分汉满，仍图闭关自守，要维持历代在东方世界的光荣地位，根本否认那个日益强盛的西方世界。我们倘若大胆的踏进大世界的生活，我们需要高度的改革，不然，我们就不能与列强竞争。但是我们有与外人并驾齐驱的人力物力，只要我们有此决心，我们可以在十九世纪的大世界上得着更光荣的地位。我们研究我民族的近代史必须了解近代的邦交是我们的大困难，也是我们的大机会。

第二节　英国人作鸦片买卖

在十九世纪以前，外国没有什么大宗货物是中国人要买的，外国商船带到中国来的东西只有少数是货物，大多数是现银。那时经济学者，不分中外，都以为金银的输出是于国家有害的。各国都在那里想法子加增货物的出口和金银的进口。在中国的外商，经过多年的试验，发现鸦片是种上等的商品。于是英国东印度公司在印度乃奖励种植，统制运销。乾隆初年，鸦片输入每年约四百箱，每箱约百斤。乾隆禁止内地商人贩卖，但是没有效果，到了嘉庆初年，输入竟加了十倍，每年约四千箱。嘉庆下令禁止入口，但是因为官吏的腐败和查禁的困难，销路还是继续加增。

道光对于鸦片是最痛心的，对于禁烟是最有决心的。即位之初，他就严申禁令，可是在他的时代，鸦片的输入加增最快。道光元年（一八二一年）输入尚只五千箱，道光十五年，就加到了三万箱，值价约一千八百万元。中国的银子漏出，换这有害无益的鸦片，全国上下都认为是国计民生的大患。广东有般绅士觉得烟禁绝不能实行，因为“法令者，胥役之所藉以为利也，立法愈峻，则索贿愈多”。他们主张一面加重关税，一面提倡种植，拿国货来抵外货，久而久之，外商无利可图，就不运鸦片进口了。道光十四五年的时候，这一派的议论颇得势，但是除许乃济一人外，没有一人敢冒天下之大不韪，公开提倡这个办法。道光十八年，黄爵滋上了一封奏折，大声疾呼的主张严禁。他的办法是严禁吸食，他说没有人吸，就没有人卖，所以吸者应治以死罪：

请皇上严降谕旨，自今年某月某日起，至明年某月某日止，准给一年限戒烟，倘若一年以后，仍然吸食，是不奉法之乱民，置之重刑，无不平允。查旧例，吸食鸦片者仅枷杖，其不指出兴贩者罪止杖一百，徙三年，然皆系活罪。断瘾之苦，甚于枷杖与徙杖，故甘犯明刑，不肯断绝。若罪以死论，是临刑之惨更苦于断瘾，臣知其情愿绝瘾而死于家，不愿受刑而死于市。惟皇上既慎用刑之意，诚恐立法稍严，互相告讦，必至波及无辜，然吸食鸦片是否有瘾无瘾，到官熬审，立刻可辨，如非吸食之人，无大深仇，不能诬枉良善，果系吸食者，究亦无从掩饰。故虽用刑，并无流弊。

这封奏折上了以后，道光令各省的督抚讨论。他们虽不彰明的反对黄爵滋，总觉得他的办法太激烈，他们说吸食者尚只害自己，贩卖者则害许多别人，所以贩卖之罪，重于吸食之罪，广州是鸦片烟的总进口，大贩子都在那里，要禁烟应从广州下手。惟独两湖总督林则徐完全赞成黄爵滋的主张，并建议各种实施办法。道光决定吸食与贩卖都要加严禁止，并派林则徐为钦差大臣,驰赴广州查办烟禁。林文忠公是当时政界声望最好,办事最认真的大员,士大夫尤其信任他,他的自信力也不小。他虽然以先没有办过"夷务",他对外国人说:"本大臣家居闽海,于外夷一切伎俩,早皆深悉其详。"

实在当时的人对禁烟问题都带了几分客气。在他们的私函中,他们承认禁烟的困难,但是在他们的奏章中,他们总是逢迎上峰的意旨,唱高调。这种不诚实的行为是我国士大夫阶级大毛病之一。其实禁烟是个极复杂,极困难的问题。纵使没有外国的干涉,禁烟已极其困难,何况在道光间英国人绝不愿意我们实行禁烟呢? 那时鸦片不但是通商的大利,而且是印度政府财政收入之大宗。英国对于我们独自尊大,闭关自守的态度已不满意,要想和我们算一次账,倘若我们因鸦片问题给予英国任何藉口,英国绝不惜以武力对付我们。

那次的战争我们称为鸦片战争,英国人则称为通商战争,两方面都有理由。关于鸦片问题,我方力图禁绝,英方则希望维持原状:我攻彼守。关于通商问题,英方力图获得更大的机会和自由,我方则硬要维持原状:彼攻我守。就世界大势论，那次的战争是不能避免的。

第三节　东西对打

林则徐于道光十九年正月二十五日行抵广州。经一个星期的考虑和布置，他就动手了。他谕告外国人说："利己不可害人，何得将尔国不食之鸦片烟带来内地，骗人财而害人命乎？"他要外国人作二件事：第一，把已到中国而尚未出卖的鸦片"尽数缴官"；第二，出具甘结，声明以后不带鸦片来华，如有带来，一经查出，甘愿"货尽没官，人即正法"。外国人不知林则徐的品格，以为他不过是个普通官僚，到任之初，总要出个告示，大讲什么礼义廉耻，实在还不是要价？价钱讲好了，买卖就可以照常做了。因此他们就观望，就讲价。殊不知林则徐不是那类的人："若鸦片一日未绝，本大臣一日不回，誓与此事相始终，断无中止之理。"到了二月初十，外人尚不肯交烟，林则徐就下命令，断绝广州出海的交通，派兵把十三行围起来，把行里的中国人都撤出，然后禁止一切的出入。换句话说，林则徐把十三行作了外国人的监牢，并且不许人卖粮食给他们。

当时在十三行里约有三百五十个外国人，连英国商业监督义律(Captain Charles Elliot)在内。他们在里面当然要受相当的苦，煮饭、洗碗、打扫都要自己动手。但是粮食还是有的，外人预贮了不少，行商又秘密的接济，义律原想妥协，但是林则徐坚持他的两种要求。是时英国在中国洋面只有两只小兵船，船上的水兵且无法到广州。义律不能抵抗，只好屈服。他屈服的方法很值得我们注意。他不是命令英国商人把烟交给林则徐，他是教英商把烟交给他，并且由他以商业监督的资格给各商收据，一转手之间，英商的鸦片变为大英帝国的鸦片。

义律共交出二万零二百八十箱，共计二百数十万斤，实一网打尽。这是林文忠的胜利，道光帝也高兴极了。他批林的奏折说："卿之忠君爱国皎然于域中化外矣。"外人尚不完全相信林真是要禁烟，他们想林这一次发大财了。林在虎门海滩挑成两个池子，"前设涵洞，后通水沟，先由沟道引水入池，撒盐其中，次投箱中烟土，再抛石灰煮之，烟灰汤沸，颗粒悉尽。其味之恶，鼻不可嗅，潮退，启放涵洞，随浪入海，然后刷涤池底，不留涓滴”。共历二十三日，全数始尽销毁，逐日皆有文武官员监视，外人之来观者，详记其事，深赞钦差大臣之坦然无私。

义律当时把缴烟的经过详细报告英国政府以后，静待政府的训令。林文忠的大功告成，似乎可以休手了。并且朝廷调他去做两江总督，他可是不去。他说：已到的鸦片，既已销毁，但是以后还可以来。他要彻底，方法就是要外商人人出具甘结，以后不作鸦片买卖。这个义律不答应，于是双方又起冲突了。林自觉极有把握。他说，英国的战斗力亦不过如此，英国人“腿足缠束紧密，屈伸皆所不便”。虎门的炮台都重修过。虎门口他又拿很大的铁链封锁起来。他又想外国人必须有茶叶大黄，他禁止茶叶大黄出口，就可以致外人的死命。那年秋冬之间，广东水师与英国二只小兵船有好几次的冲突，林报告朝廷，中国大胜，因此全国都是乐观的。

英国政府接到义律的信以后，就派全权代表懿律(Admiral George Elliot)率领海陆军队来华。这时英国的外相是巴麦尊(Lord Palmerston)，有名的好大喜功的帝国主义者。

他不但索鸦片赔款，军费赔款，并且要求一扫旧日所有的通商限制和邦交的不平等。懿律于道光二十年（一千八百四十年）的夏天到广东洋面。倘若英国深知中国的国情，懿律应该在广州与林则徐决胜负，因为林是主战派的领袖。但英国人的策略并不在此，懿律在广东，并不进攻，仅宣布封锁海口。中国人的解释是英国怕林则徐。封锁以后，懿律北上，派兵占领定海。定海并无军备，中国人觉得这是不武之胜。以后义律和懿律就率主力舰队到大沽口。

定海失守的消息传到北京以后，清廷愤懑极了。道光下令调陕、甘、云、贵、湘、川各省的兵到沿海各省，全国脚慌手忙。上面要调兵，下面就请饷。道光帝最怕花钱，于是对林则徐的信任就减少了。七月二十二日他的上谕骂林则徐道："不但终无实际，反生出许多波澜，思之曷胜愤懑，看汝以何词对朕也。"

是时在天津主持交涉者是直隶总督琦善。他下了一番知己知彼的工夫。他派人到英国船上假交涉之名去调查英国军备，觉得英人的船坚炮利远在中国之上。他国的汽船，"无风无潮，顺水逆水，皆能飞渡。”他们的炮位之下，“设有石磨盘，中具机轴，只须移转磨盘，炮即随其所向”。回想中国的设备，他觉得可笑极了。山海关的炮，尚是“前明之物，勉强蒸洗备用”。所谓大海及长江的天险已为外人所据，“任军事者，率皆文臣，笔下虽佳，武备未谙”。所以他决计抚夷。

英国外相致中国宰相书很使琦善觉得他的抚夷政策是很有希望的。那封书的前半都是批评林则徐的话，说他如何残暴武断，后半提出英国的要求。琦善拿中国人的眼光来判断那封书，觉得它是个状纸。林则徐待英人太苛了，英人不平，所以要大皇帝替他们伸冤。他就将计就计，告诉英国人说：“上年钦差大臣林等查禁烟土，未能体仰大皇帝大公至正之意，以致受人欺朦，措置失当。必当逐细查明重治其罪。惟其事全在广东，此间无凭办理。贵统帅等应即返棹南还，听候钦差大臣驰往广东，秉公查办，定能代伸冤抑。”至于赔款一层，中国多少会给一点，使英代表可以有面子回国。至于变更通商制度，他告诉英国人，事情解决以后，英人可照旧通商，用不着变更。懿律和义律原不愿在北方打仗，所以就答应了琦善回到广州去交涉,并表示愿撤退在定海的军队。道光帝高兴极了,觉得琦善三寸之舌竟能说退英国的海陆军,远胜林则徐的孟浪多事。于是下令教内地各省的军队概归原防,“以节糜费”。同时革林则徐的职,教琦善去代替他。

琦善到了广东以后,他发现自己把事情看的太容易了。英国人坚持赔款和割香港或加通商口岸,琦善以为与其割地,不如加开通商口岸。但是怕朝廷不答应,所以只好慢慢讲价,稽延时日英人不耐烦,遂于十二月初开火了。大角沙角失守以后,琦善遂和义律订立条约,赔款六百万元,割香港与英国,以后给与英国平等待遇。道光不答应,骂琦善是执迷不悟,革职锁拿,家产查抄入官,同时调大兵赴粤剿办。英国政府也不满意义律,另派代表及军队来华。从这时起中英双方皆一意主战,彼此绝不交涉。英国的态度很简单:中国不答应她的要求,她就不停战。道光也是很倔强的:一军败了,再调一军。中国兵士有未出战而先逃者,也有战败而宁死不降不逃者。将帅有战前妄自夸大而临战即后退者,也有鞠躬尽瘁死而后已者,如关天培、裕谦、海龄诸人。军器不如人,自不待说;纪律不如人,精神不如人,亦不可讳言。人民有些甘作汉奸,有些为饥寒所迫,投入英军作苦力。到了二十二年的夏天,英军快要攻南京的时候,清廷知道没有办法,不能再抵抗,于是接受英国要求,成立《南京条约》。

第四节　民族丧失二十年的光阴

鸦片战争的失败的根本理由是我们的落伍。我们的军器和军队是中古的军队,我们的政府是中古的政府,我们的人民,连士大夫阶级在内,是中古的人民。我们虽拼命抵抗终归失败,那是自然的,逃不脱的。从民族的历史看,鸦片战争的军事失败还不是民族致命伤。失败以后还不明了失败的理由力图改革,那才是民族的致命伤。倘使同治光绪年间的改革移到道光咸丰年间,我们的近代化就要比日本早二十年。远东的近代史就要完全变更面目。可惜道光咸丰年间的人没有领受军事失败的教训,战后与战前完全一样,麻木不仁,妄自尊大。直到咸丰末年英法联军攻进了北京,然后有少数人觉悟了,知道非学西洋不可。所以我们说,中华民族丧失了二十年的宝贵光阴。

为什么道光年间的中国人不在鸦片战争以后就起始维新呢？此中原故虽极复杂，但是值得我们研究。第一，中国人的守旧性太重。我国文化有了这几千年的历史，根深蒂固，要国人承认有改革的必要，那是不容易的。第二，我国文化是士大夫阶级的生命线。文化的摇动，就是士大夫饭碗的摇动。我们一实行新政，科举出身的先生们，就有失业的危险，难怪他们要反对。第三，中国士大夫阶级（知识阶级和官僚阶级）最缺乏独立的，大无畏的精神。无论在那个时代，总有少数人看事较远较清，但是他们怕清议的指摘，默而不言，林则徐就是个好例子。

林则徐实在有两个，一个是士大夫心目中的林则徐，一个是真正的林则徐。前一个林则徐是主剿的，他是百战百胜的。他所用的方法都是中国的古法。可惜奸臣琦善受了英人的贿赂，把他驱逐了。英人未去林之前，不敢在广东战，既去林之后，当然就开战。所以士大夫想中国的失败不是因为中国的古法不行，是因为奸臣误国。当时的士大夫得了这样的一种印象，也是很自然的，林的奏章充满了他的自信心，可惜自道光二十年夏天定海失守以后，林没有得着机会与英国比武，难怪中国人不服输。

真的林则徐是慢慢的觉悟了的。他到了广东以后，他就知道中国军器不如西洋，所以他竭力买外国炮，买外国船，同时他派人翻译外国所办的刊物。他在广东所搜集的材料，他给了魏默深。魏后来把这些材料编入《海国图志》。这部书提倡以夷制夷，并且以夷器制夷。后来日本的文人把这部书译成日文，促进了日本的维新。林虽有这种觉悟，他怕清议的指摘，不敢公开的提倡。清廷把他谪戍伊犁，他在途中曾致书友人说：

彼之大炮远及十里内外，若我炮不能及彼，彼炮先已及我，是器不良也。彼之放炮如内地之放排枪，连声不断。我放一炮后，须辗转移时，再放一炮，是技不熟也，求其良且熟焉，亦无他深巧耳。不此之务，即远调百万貔貅，恐只供临敌之一哄。况逆船朝南暮北，惟水师始能尾追，岸兵能顷刻移动否？

盖内地将弁兵丁虽不乏久历戎行之人，而皆觌面接仗。似此之相距十里八里，彼此不见面而接仗者，未之前闻。徐尝谓剿匪八字要言，器良技熟，胆壮心齐是已。第一要大炮得用，令此一物置之不讲，真令岳韩束手，奈何奈何！

这是他的私函，道光二十二年九月写的。他请他的朋友不要给别人看。换句话说，真的林则徐，他不要别人知道。难怪他后来虽又作陕甘总督和云贵总督，他总不肯公开提倡改革。他让主持清议的士大夫睡在梦中，他让国家日趋衰弱，而不肯牺牲自己的名誉去与时人奋斗。林文忠无疑的是中国旧文化最好的产品。他尚以为自己的名誉比国事重要，别人更不必说了。士大夫阶级既不服输，他们当然不主张改革。

主张抚夷的琦善、耆英诸人虽把中外强弱的悬殊看清楚了，而且公开的宣传了，但是士大夫阶级不信他们，而且他们无自信心，对民族亦无信心，只听其自然，不图振作，不图改革。我们不责备他们，因为他们是不足责的。

第五节　不平等条约开始

道光二十二年八月二十九日在南京所订的《中英条约》不过是战后新邦交及新通商制度的大纲。次年的《虎门条约》才规定细则。我们知道战后的整个局面应该把两个条约合并起来研究。我们应该注意的有下列几点：第一，赔款二千一百万两。第二，割香港。第三，开放广州、厦门、福州、宁波、上海为通商口岸。第四，海关税则详细载明于条约，非经两国同意不能修改，是即所谓协定关税。第五，英国人在中国者只受英国法律和英国法庭的约束，是即所谓治外法权。第六，中英官吏平等往来。

当时的人对于这些条款最痛心的是五口通商。他们觉得外人在广州一口通商的时候已经不易防范，现在有五口通商，外人可以横行天下，防不胜防。直到前清末年，文人忧国者莫不以五口通商为后来的祸根。五口之中，他们又以福州为最重要，上海则是中英双方所不重视的。割让土地当然是时人所反对的，也应该反对的。但是香港在割让以前毫无商业的或国防的重要。英人初提香港的时候，北京还不知道香港在那里。时人反对割地，不是反对割香港。

协定关税和治外法权是我们近年所认为不平等条约的核心，可是当时的人并不这样看。治外法权，在道光时代的人的目光中，不过是让夷人管夷人。他们想那是最方便，最省事的办法。至于协定关税，他们觉得也是方便省事的办法。每种货物应该纳多少税都明白的载于条约，那就可以省除争执。负责交涉条约的人如伊里布、耆英、黄恩彤诸人知道战前广东地方官吏的苛捐杂税是引起战争原因之一，现在把关税明文规定岂不是一个釜底抽薪，一劳永逸的办法？而且新的税则平均到百分之五，比旧日的自主关税还要略微高一点。负交涉责任者计算以后海关的收入比以前还要多，所以他们洋洋得意，以为他们的外交成功。其实他们牺牲了国家的主权，遗害不少。总而言之，道光年间的中国人，完全不懂国际公法和国际形势，所以他们争所不当争，放弃所不应当放弃的。

我们与英国订了这种条约，实因为万不得已，如别的国家来要求同样的权利，我们又怎样对付呢？在鸦片战争的时候，国内分为两派：剿夷派和抚夷派。前者以林则徐为领袖，后者以琦善为领袖。战争失败以后，抚夷派当然得势了。这一派在朝者是军机大臣穆彰阿，在外的是伊里布和耆英。中英订了条约以后，美法两国就派代表来华，要求与我国订约。抚夷派的人当然不愿意与美国、法国又打仗，所以他们自始就决定给美、法的人平等的待遇。他们说，倘若中国不给，美、法的人大可以假冒英人来作买卖，我们也没有法子查出。这样作下去，美、法的人既靠英国人，势必与英国人团结一致，来对付我们，假使中国给美、法通商权利，那美国、法国必将感激中国。我们或者还可以联络美、法来对付英国。并且伊里布、耆英诸人以为中国的贸易是有限的。这有限的贸易不让英国独占，让美、法分去一部分，与中国并无妨碍，中国何不作个顺水人情？英国为避免别国的妒嫉，早已声明她欢迎别国平等竞争。所以美国、法国竟能和平与中国订约。

不平等条约的根源一部分由于我们的无知，一部分由于我们的法制未达到近代文明的水准。

第六节 剿夷派又抬头

在鸦片战争以前，广州与外人通商已经三百多年，好像广州人应该比较的多知道外国的情形，比别处的中国人应该更能与外人相安无事，其实不然，五口通商以后，惟独广州人与外人感情最坏，冲突最多。此中原因复杂。第一，英国在广州受了多年的压迫，无法出气，等到他们打胜了，他们觉得他们出气的日子到了，他们不能平心静气的原谅中国人因受了战争的痛苦而对他们自然不满意，自然带几分的仇视。第二，广东地方官商最感觉《南京条约》给他们私人利益的打击。在鸦片战争以前，因为中外通商集中于广州，地方官吏，不分大小，都有发大财的机会。《南京条约》以后，他们的意外财源都禁绝了，难怪他们要恨外国人。商人方面也是如此。在战前，江浙的丝茶都由陆路经江西，过梅岭，而由广州的十三行卖给外国人。据外人的估计，伍家的怡和行在战前有财产八千多万，恐怕是当时世界上最富的资本家。《南京条约》以后，江浙的丝茶，外人直接到江、浙去买，并不经过广州。五口之中，上海日盛一日，而广州则日形衰落。不但富商受其影响，就是劳工直接间接受影响的都不少，难怪民间也恨外国人。

仇外心理的表现之一就是杀外国人，他们到郊外去玩的时候，乡民出其不意，就把他们杀了。耆英知道这种仇杀一定要引起大祸，所以竭力防御，绝不宽容。他严厉的执行国法，杀人者处死，这样一来，士大夫骂他是洋奴。他们说：官民应该一致对外，那可以压迫国民以顺夷情呢？因此耆英在广东的地位，一天困难一天。

在广东还有外人进广州城的问题。照常识看来，许外国人到广州城里去似乎是无关宏旨的。在外人方面，不到广州城里去似乎也没任何损失，可是这个入城问题竟成了和战问题。在上海，就全无这种纠纷。《南京条约》以后，外人初到上海的时候，他们在上海城内租借民房，后来他们感觉城内街道狭小，卫生情形也不好，于是请求在城外划一段地作为外人居留地区。上海道台也感觉华洋杂处，不便管理，乃划洋泾浜以北的小块地作为外人住宅区。这是上海租界的起源。广州十三行原在城外，鸦片战争以前，外人是不许入城的。广州人简直把城内作为神圣之地，外夷倘进去，就好像与尊严有损。外人也是争意气：他们以为不许他们入城，就是看不起他们。耆英费尽苦心调停于外人与广州人民之间，不料双方愈闹愈起劲。道光二十七年，英人竟兵临城下，要求入城。耆英不得已，许于二年后准外人入城，希望在两年之内，或者中外感情可以改良，入城可以不成问题。但当时人民攻击耆英者多，于是道光调他入京，而升广东巡抚徐广缙为两广总督，道光给徐的上谕很清楚的表示他的态度：

疆寄重在安民，民心不失，则外侮可弭。嗣后遇有民夷交涉事件，不可瞻徇迁就，有失民心。至于变通参酌，是在该署督临时加意权衡体察。总期以诚实结民情，以羁縻办夷务，方为不负委任。

徐广缙升任总督以后，就写信问林则徐驭夷之法。林回答说："民心可用。"道光的上谕和林则徐的回答都是士大夫阶级传统的高调和空谈。仅以民心对外人的炮火当然是自杀。

民心固不可失，可是一般人民懂得什么国际关系？主政者应该负责指导舆论。如不指导，或指导不生效，这都是政治家的失败。徐广缙也是怕清议的指责，也是把自己的名誉看的重，国家事看的轻。当时广东巡抚叶名琛比徐广缙更顽固。他们继承了林则徐的衣钵，他们上台就是剿夷派的抬头。

道光二十九年，两年后许入城的约到了期。英人根据条约提出要求。广州的士大夫和民众一致反对。徐广缙最初犹疑，后亦无可奈何，只好顺从民意。叶名琛自始即坚决反对履行条约。他们的办法分两层：第一，不与英人交易。第二，组织民众。英人这时不愿为意气之争与中国决裂，所以除声明保存条约权利以外，没有别的举动。徐叶认为这是他们的大胜利，事后他们报告北京说：

计自正月二十七日至三月二十日，居民则以工人，铺户则以伙伴，均择其强壮可靠者充补。挨户注册，不得在外雇募。公开筹备经费，制造器械，添设栅栏，共团勇至十万馀人。无事则各安工作，有事则立出捍卫。明处则不见荷戈持戟之人，暗中实皆折冲御侮之士。(朱批:朕初不料卿等有此妙用。)众志成城,坚逾金石,用能内戢土匪,外警猾夷。

为纪念胜利,道光帝赏了徐广缙子爵,世袭双眼花翎,叶名琛男爵,世袭花翎。道光又特降谕旨,嘉勉广州民众:

我粤东百姓素称骁勇。乃近年深明大义,有勇知方,固由化导之神,亦系天性之厚。朕念其翊戴之功,能无恻然有动于中乎!

三十年(一千八百五十年)年初道光死了,咸丰即位。在咸丰年间,国内有太平天国的内战,对外则剿夷派的势力更大。三十年五月,有个御史曹履泰上奏说:

查粤东夷务林始之而徐终之,两臣皆为英夷所敬畏。去岁林则徐乞假回籍,今春取道江西养疾,使此日英夷顽梗不化,应请旨饬江西抚臣速令林则徐赶紧来京,候陛见后,令其协办夷务，庶几宋朝中国复相司马之意。若精神尚未复原，亦可养疴京中，勿遽回籍。臣知英夷必望风而靡，伎俩悉无可施，可永无宵旰之虑矣。

咸丰也很佩服林则徐，当即下令教林来京。林的运气真好：他病大重，以后不久就死了，他的名誉藉此保存了。

第七节　剿夷派崩溃

林则徐死了，徐广缙离开广东去打太平天国去了。在广东负外交重责的是叶名琛。他十分轻视外人，自然不肯退让。在外人方面，他们感觉已得的权利不够，他们希望加开通商口岸。旧有的五口只包括江、浙、闽、粤四省海岸，现在他们要深入长江，要到华北，其次他们要派公使驻北京。此外他们希望中国地方官吏不拒绝与外国公使领事往来。最后他们要求减轻关税并废除厘金。这些要求除最后一项外，并没有什么严重的性质。但是咸丰年间的中国人反而觉得税收一项倒可通融，至于北京驻使，长江及华北通商及官吏与外人往来各项简直有关国家的生死存亡,绝对不可妥协的。

咸丰四年(一八五四年),英美两国联合要求修改条约。当时中国没有外交部,所有的外交都由两广总督办。叶名琛的对付方法就是不交涉。外人要求见他,他也不肯接见。英美两国的代表跑到江苏去找两江总督,他劝他们回广东去找叶名琛。他们后来到天津,地方当局只允奏请皇帝施恩稍为减免各种税收,其余一概拒绝。总而言之,外人简直无门可入。他们知道要修改条约只有战争一条路。

咸丰六年(一八五六年)叶名琛派兵登香港注册之亚罗船上去搜海盗,这一举给了英国人开战的口实。不久,法国传教士马神父在广西西林被杀,叶名琛不好好处理,又得罪了法国。于是英法联军来和我们算总账。

七年冬天,英法联军首先进攻广东。士大夫阶级所依赖的民心竟毫无力量。英法不但打进广州,而且把总督巡抚都俘虏了。叶后来押送印度,死在喀尔喀塔(即加尔各答)。巡抚柏贵出来作英法的傀儡维持地方治安。民众不但不抵抗,且帮助英国人把藩台衙门的库银抬上英船。

八年，英法联军到大沽口。交涉失败，于是进攻。我们迫不得已与订《天津条约》，接受英法的要求。于是英法撤退军队。

清廷对于北京驻使及长江通商始终不甘心，总要想法挽回，清廷派桂良和花沙纳到上海，名为交涉海关细则，实则想取消《天津条约》。为达到这个目的，清廷准备出很大的代价。只要英法放弃北京驻使，长江开通商口岸，清廷愿意以后全不收海关税。幸而桂良及何桂清反对这个办法；所以《天津条约》，未得挽回。清廷另一方面派科尔沁亲王僧格林沁在大沽布防。僧格林沁是当时著名勇将之一，办事极认真。

九年，英法各国代表又到大沽，预备进京去交换《天津条约》的批准证书。他们事先略闻中国要修改《天津条约》，并在大沽设防，所以他们北上的时候，随带相当海军。到了大沽口，看见海河已堵塞，他们啧啧不平，责中国失信，并派船拔取防御设备，僧格林沁就令两岸的炮台出其不意同时开炮。英法的船只竟无法抵抗。陆战队陷于海滩的深泥，亦不能登岸。他们只有宣告失败，等国内增派军队。

咸丰九年的冬季及十年的春季,正是清廷与太平天国内战最紧急的时候。苏州被太平军包围,危在旦夕。江、浙的官吏及上海、苏州一带的绅士听见北方又与英、法开战,简直惊慌极了,因为他们正竭力寻求英法的援助来对付太平军。所以他们对北京再三请求抚夷,说明外人兵力之可畏及长江下游局势之险急。清廷虽不许他们求外人的援助,恐怕示弱于人,但外交政策并不因大沽口的胜利而转强硬。北京此时反愿意承认《天津条约》。关于大沽的战事,清廷的辩护亦极有理。倘使英法各国代表的真意旨是在进京换约,何必随带重兵?海河既为中国领河,中国自有设防的权,而这种防御或者是对太平军,并非对外仇视的表示。海河虽阻塞,外国代表尚可在北塘上岸,有陆路进北京。我国根据以上理论的宣传颇生效力。大沽之役以后,英法并不坚持要报复,要雪耻。他们只要求赔偿损失及其他不关重要之条约解释与修改。这种《天津条约》以外的要求遂成为咸丰十年英法联军的起因。

十年,英法的军队由侧面进攻大沽炮台,僧格林沁不能支持,连天津都不守了。清廷又派桂良等出面在天津交涉。格外的要求答应了。但到签字的时候，一则英法代表要求率卫队进京，二则因为他们以为桂良的全权的证书不合格式，疑他的交涉不过是中国的缓兵之计，所以又决裂了。英法的军队直向北京推进。清廷改派怡亲王载垣为钦差大臣，在通州交涉。条件又讲好了，但英使的代表巴夏礼在签字之前声明英使到北京后，必须向中国皇帝面递国书。这是国际间应行的礼节，但那时中国人认为这是外夷的狂悖，其居心叵测，中国绝不能容忍。载垣乃令军队捕拿英法代表到通州来交涉人员。这一举激怒外人，军事又起了。

咸丰帝原想“亲统六师，直抵通州，以伸天讨，而张挞伐”。可是通州决裂以后，他就逃避热河，派恭亲王奕䜣留守北京。奕䜣是咸丰的亲弟，这时只二十八岁。他当然毫无新知识。八年天津交涉的时候，他竭力反对长江通商。捕拿外国交涉代表最初也是他提议的，所以他也是属于剿夷派的。但他是个有血性的人，且真心为国图谋。他是清朝后百年宗室中之贤者。在道咸时代，一般士大夫不明天下大势是可原谅的，但是战败以后而仍旧虚骄，如附和林则徐的剿夷派，或是服输而不图振作,不图改革,如附和耆英的抚夷派,那就不可救药了。恭亲王把握政权以后,天下大势为之一变,他虽缺乏魄力,他有文祥作他的助手。文祥虽是亲贵,但他的品格可说是中国文化的最优代表,他为人十分廉洁,最尽孝道。他可以作督抚,但因为有老母在堂,不愿远行,所以坚辞。他办事负责而认真,且不怕别人的批评。我们如细读《文文忠年谱》,我们觉得他真是一个"先天下之忧而忧,后天下之乐而乐"的大政治家。

奕䜣与文祥在元首逃难,京都将要失守的时候,接受大命。他们最初因无外交经验,不免举棋不定。后来把情势看清楚了,他们就毅然决然承认外人的要求,与英法订立《北京条约》。条约签定以后,英法退军,中国并没丧失一寸土地。咸丰六年的《天津条约》和十年的《北京条约》是三年的战争和交涉的结果。条款虽很多,主要的是北京驻使和长江通商。历史上的意义不外从此中国与西洋的关系更要密切了。这种关系固可以为祸,亦可以为福,看我们振作与否。奕䜣与文祥绝不转头回看,留恋那已去不复回的闭关时代。他们大着胆向前进，到国际生活中去找新出路。我们研究近代史的人所痛心的就是这种新精神不能出现于鸦片战争以后而出现于二十年后的咸末同初。一寸光阴一寸金，个人如此，民族更如此。

第二章　洪秀全与曾国藩

第一节　旧社会走循环套

第一章已经讨论了道光、咸丰年间自外来的祸患。我们说过那种祸患是不可避免的，因为我们无法阻止西洋科学和机械势力，使其不到远东来。我们也说过，我们很可以转祸为福，只要我们大胆的接受西洋近代文化，以我们的人力物力，倘若接受了科学机械和民族精神，我们可以与别国并驾齐驱，在国际生活之中，取得极光荣的地位。可是道光时代的人不此之图。鸦片之役虽然败了，他们不承认是败了。主战的剿夷派及主和的抚夷派，在战争之后，正如在战争之前，均未图振作。直到受了第二次战败的教训，然后有人认识时代的不同而思改革。

在没有叙述同治光绪年间的新建设以前，我们试再进一步的研究道咸年间中国的内政。在近代史上，外交虽然要紧，内政究竟是决定国家强弱的根本要素。譬如：上次世界大战以前，德国的外交失败了，所以战争也失败了，然而因为德国内政健全，战后尚不出二十年，她又恢复她的地位了，这就是自力更生。

不幸到了十九世纪，我们的社会、政治、经济都已到腐烂不堪的田地。据前清政府的估计，中国的人口在康熙四十年（一千七百零一年）约有二千万；（按：作者有误，此二千万应为人丁，而非人口。）到了嘉庆五年（一千八百年）增加到三万万。百年之内竟有十五倍的增加！这种估计虽不可靠，然而我国人口在十八世纪有很大的增加，这是毫无疑问的。十七世纪是个大屠杀的世纪。开初有明朝末年的内乱，后又有明清的交战及满清有计划的屠杀汉人，如扬州十日及嘉定屠城。我们也不要忘记张献忠在四川的屠杀，近年中央研究院发表了很多明清史料，其中有一件是康熙初年四川某县知事的人口年报，那位县老爷说他那县的人口，在大乱之后，只有九百余人，而在一年之内，老虎又吃了一大半！康熙、雍正、乾隆三朝是大乱之后的大治，于是人口增加。这是中国几千年来的圈套，演来演去，就是圣贤也无法脱逃。

那时的人一方面不知利用科学节制生育，另一方面又不知利用科学增加生产。在大乱之后，大治之初，人口减少，有荒可垦，故人民安居乐业，生活程度略为提高。这是老百姓心目中的黄金时代。后来人口一天多一天，荒地则一天减少一天，而且新垦的地不是土质不好，就是水源不足，于是每人耕地的面积减少，生活程度降低。老百姓莫名其妙，只好烧香拜佛，嗟叹自己的命运不好。士大夫和政府纵使有救世之心，亦无救世之力，只好听天灾人祸自然演化。等到土匪一起，人民更不能生产，于是小乱变为大乱。

中国历史还有一个循环套。每朝的开国君主及元勋大部分起自民间，自奉极薄，心目中的奢侈标准是很低的，而且比较能体恤民间的痛苦，办事亦比较认真，这是内政倡明吏治澄清的时代。后来慢慢的统治阶级的欲望提高，奢侈标准随之提高,因之官吏的贪污亦大大的长进。并且旧社会里,政界是才子惟一的出路,不像在近代文化社会里,有志之士除作官以外,可以经营工商业,可以行医,可以作新闻记者,大学教授,科学家,发明家,探险家,音乐家,美术家,工程师,而都名利两全,其所得往往还在大官之上。有人说:中国旧日的社会很平等,因为官吏都是科举出身,而且旧日的教育是很不费钱的。这种看法,过于乐观。前清一代的翰林那一个在未得志以前,曾经下过苦力?我们可以进一步的问,前清一代的翰林,那一个的父亲曾下过苦力?林则徐、曾国藩是前清有名的贫苦家庭的子弟,但是细考他们的家世,我们就知道他们的父亲是教书先生,不是劳力者。中国旧日的资本家有几个不是做官起家?中国旧日的大商业那一种没有官吏作后盾,仗官势发财?总而言之,在中国旧日的社会里,有心事业者集中于政界,专心利禄者也都挤在官场里。结果是每个衙门的人员永在加增之中,而衙门的数目亦天天加多。所以每个朝代到了天下太平已久,人口加增很多,民生痛苦的时候,官吏加多,每个官吏的贪污更加厉害,人民所受的压榨也更加严重。

中国到了嘉庆年间已到了循环套的最低点。嘉庆初年所革除的权臣和珅，据故宫博物院所保存的档案，积有私产到九万万两之多，当时官场的情形可想而知。历嘉庆道光两朝，中国几无日无内乱，最初有湖北、四川、陕西三省白莲教徒的叛乱，后有西北回教徒之乱，西南苗傜之乱，同时东南沿海的海盗亦甚猖獗。这还是明目张胆与国家对抗者，至于潜伏于社会的匪徒几遍地皆是。道光十五年，御史常大淳上奏说："直隶、山东、河南向有教匪，辗转传习，惑众敛钱。遇岁歉，白昼伙抢，名曰均粮。近来间或拿办，不断根株。湖南之永州、郴州、桂阳，江西之南安、赣州与两广接壤，均有会匪结党成群，动成巨案。"

西洋势力侵略起始的时候，正是我们抵抗力量薄弱的时候。到了道光年间，我们的法制有名无实，官吏腐败，民生痛苦万分，道德已部分的失其维系力。我们一面须接受新的文化，一面又须设法振兴旧的政教。我民族在近代所遇着的难关是双层的。

第二节　洪秀全企图建新朝

洪秀全所领导的太平天国运动，就是上一节所讲的那个时代和那种环境的产物。

洪秀全是广东花县人，生于嘉庆十八年，即西历一八一三年。传说他的父亲是个农民，家境穷苦，但他自幼就入村塾读书，到十六岁才辍学，作乡村教师。这样似乎他不是出身于中国社会的最下层，他自己并不是个劳力者。他两次到广州去考秀才，两次都失败了。于是心怀怨恨。这是旧社会常有的事，并不出奇。洪秀全经验的特别是他在广州应试的时候，得着耶稣教传教士的宣传品。后来大病四十多天，病中梦见各种幻象，自说与耶稣教义符合，于是信仰上帝，创立上帝会。最早的同志是冯云山，也是一位因考试失败而心怀不平者，他们因为在广东传教不顺利，所以迁移其活动于广西桂平县。

中国自古以来的民间运动都带点宗教性质，西洋中古的时候也是如此。可是洪秀全与基督教发生关系，不过是偶然的事。他的耶稣教也是个不伦不类的东西。他称耶和华为天父，耶稣为天兄，自为天弟。他奉天父天兄之命来救世。他的命令就是天父天兄的命令。崇拜耶和华上帝者，“无灾无难”；不崇拜者，“蛇虎伤人”。他的兵士，如死在战场，就是登仙。孔教，佛教，道教，都是妖术。孔庙及寺观都必须破坏。

洪秀全的上帝会吸收了许多三合会的分子。这个三合会是排满的秘密团体，大概是明末清初时代起始的。洪秀全或者早有了种族革命的思想。无论如何，他收了三合会的会员以后，他的运动以推倒清朝为第一目的。他骂满人为妖人。满人之改变中国衣冠和淫乱中国女子（三千粉黛，皆为羯狗所污；百万红颜，竟与骚狐同寝。）是洪秀全的宣传品斥责的最好的对象。

洪秀全除推行宗教革命及种族革命以外，他有社会革命的思想没有？他提倡男女平权，但他的宫庭充满了妃妾，太平天国的王侯将帅亦皆多蓄妻妾。他的诏书中有田亩制度，其根本思想类似共产主义：“有田共耕，有饭同食，有衣同穿，有钱同使。”但是他的均田主义，虽有详细的规定，并未实行。是他不愿实行呢？还是感觉实行的困难而不愿试呢？就现在我们所有的史料判断，我们可以说洪秀全对于宗教革命及种族革命是十分积极的，对于社会革命则甚消极。他的党徒除冯云山以外，尚有烧炭的杨秀清，后封东王；耕种山地的萧朝贵，后封西王；曾捐监生与衙门胥吏为伍的韦昌辉，后封北王，及富豪石达开，后称翼王。他的运动当然是个民间运动，反映当时的民间痛苦和迷信，以及潜伏于民间的种族观念。

道光三十年夏天，洪秀全在广西金田村起兵。九月，占蒙山县（旧名永安），于是定国号为太平天国，自称天王。清兵进围永安。洪秀全于咸丰二年春突围，进攻桂林，未得，改图湖南。他在长沙遇着很坚强的抵抗，乃向湘江下流进攻。他在岳州得着吴三桂留下来的军械，并抢夺了不少的帆船。实力补充了以后，他直逼武汉。他虽打下了汉阳、武昌，他不留兵防守，设官立治。他一直向长江下游进攻，沿途攻破了九江、安庆、芜湖，咸丰三年春打进南京，就定都于此。名叫天京。在定都南京以前，洪秀全的行动，类似流寇，定都南京以后，他才开始他的建国工作。

从道光三十年（一千八百五十年）到咸丰三年（一千八百

五十三年)可说是太平天国的顺利时期。在这时期内,社会对洪秀全的运动是怎样应付呢?一般安分守己的国民不分贫富,是守中立的。太平军到了,他们顺从太平军,贡献金钱;官军到了,他们又顺从官军,又贡献金钱。他们是顺民,其实他们是左右为难的。他们对满清政府及其官吏,绝无好感,因为他们平素所受的痛苦也够了。并且官军的纪律不好,在这期内,太平军的纪律还比较好一点。同时老百姓感觉太平军是造乱分子,使他们不能继续过他们的平安日子?太平军到处破坏庙宇,毁灭偶像,迷信的老百姓看不惯,心中不以为然。各地的土匪都趁火打劫。太平军所经过的地方,就是他们容易活动的地方。他们干他们的事,对于官军及太平军无所偏倚。有组织的秘密会社则附和太平军,如湖南的哥老会及上海的小刀会。大多数士大夫阶级,积极反对洪秀全的宗教革命。至于排满一层,士大夫不是不知道汉人的耻辱,但是他们一则因为洪秀全虽为汉人,虽提倡种族革命,然竭力破坏几千年来的汉族文化,满人虽是外族,然自始即拥护汉族文化;二则他们觉得君臣之分既定,不好随便作乱,乱是容易的,拨乱反正则是极难的，所以士大夫阶级，这时对于种族革命并不热心。

太平军的军事何以在这时期内这样顺利呢？主要原因不是太平军本身的优点。论组织训练，太平军很平常，论军器，太平军尚不及官军，论将才，太平军始终没有出过大将。太平军在此时期内所以能得胜，全因为它是一种新兴的势力，富有朝气，能拼命，能牺牲。官军不但暮气很重，简直腐化不成军了。当时的官军有两种，即八旗和绿营。八旗的战斗力随着满人的汉化，文弱化而丧失了。所以在乾隆嘉庆年间，清朝用绿营的时候已逐渐加多，用八旗的时候已逐渐减少。到了道光咸丰年间，绿营已经成了清廷的主力军队，其腐化程度正与一般政界相等。士兵的饷额甚低，又为官长剥削，所以自谋生计，把当兵作为一种副业而已。没有纪律，没有操练，害民有余，打仗则简直谈不到。并且将官之间，猜忌甚深，彼此绝不合作。但是绿营在制度上也有一种好处。这种军队虽极端腐化，然是统一的国家的军队，不是个人的私有武力。在道、咸以前，地方大吏没有人敢拥兵自重，与朝庭对抗。私有的武力，是太平天国内乱的意外副产品，以后我们要深切的注意它的出世。

第三节　曾国藩刷新旧社会

曾国藩是我国旧文化的代表人物，甚至于理想人物。他生在嘉庆十六年，一八一一年，比洪秀全大两岁。他是湖南湘乡人，家世业农。他虽没有下过苦力，他的教育是从艰难困苦中奋斗出来的。他成翰林的时候，正是鸦片战争将要开始的时候。他的日记虽提及鸦片战争，他似乎不大注意，不了解那次战争的历史意义。他仍埋首于古籍中。他是一个实践主义的理学家。无论我们是看他的字，读他的文章，或是研究他的为人办事，我们自然的想起我们乡下那个务正业的小农民，他和小农民一样，一生一世，不作苟且的事情。他知道文章学问道德功业都只有汗血才能换得来，正如小农民知道要得一粒一颗的稻麦都非出汗不可。

在咸丰初年曾国藩官作到侍郎，等于现在的各部次长。他的知己固然承认他的文章道德是特出的，但是他的知己不多，而且少数知己也不知道他有大政治才能，恐怕连他自己也不知道。所以在他的事业起始的时候，他的声望并不高，他也没有政治势力作他的后盾。但是湖南地方上的士大夫阶级确承认他的领袖地位。他对洪秀全的态度就是当时一般士大夫的态度，不过比别人更加积极而已。

那时的官兵不但不能打仗，连乡下的土匪都不能对付，所以人民为自卫计，都办团练。这种团练就是民间的武力，是务正业的农民藉以抵抗不务正业的游民土匪。这种武力，因为没有官场化，又因为与农民有切身利害关系，保存了我国乡民固有的勇敢和诚实。曾国藩的事业就是利用这种乡勇，而加以组织训练，使它成为一个军队。这就是以后著名的湘军。团练是当时全国皆有的，并不是曾国藩独创的，但是为什么惟独湘军能成大事呢？原故就在于曾国藩所加的那点组织和训练。

曾国藩治兵的第一个特别是精神教育的注重。他自己十二分相信孔孟的遗教是我民族的至宝。洪秀全既然要废孔教，那洪秀全就是他的敌人，也就是全民族的敌人。他的“讨贼檄文"骂洪秀全最激烈的一点就在此：

举中国数千年礼义人伦，诗书典则，一旦扫地荡尽，此岂独我大清之变，乃开辟以来，名教之奇变，我孔子、孟子之所痛哭于九泉，凡读书识字者，又焉能袖手坐视，不思一为之所也？

他是孔孟的忠实信徒，他所选的官佐都是他的忠实同志，他是军队的主帅，同时也是兵士的导师。所以湘军是个有主义的军队。其实精神教育是曾国藩终身事业的基础，也是他在我国近代史上地位的特别。他的行政用人都首重主义。他觉得政治的改革必须先有精神的改革。前清末年的官吏，出自曾文正门下者，皆比较正派，足见其感化力之大。

曾国藩不但利用中国的旧礼教作军队的精神基础，而且利用宗族观念和乡土观念来加强军队的团结力。他选的官佐几全是湖南人，而且大半是湘乡人。这些官佐都回本地去招兵，因此兵士都是同族或同里的人。这样他的部下的互助精神特别浓厚。这是湘军的第二特点。

历史上的精神领袖很少同时也是事业领袖，因为注重精神者往往忽略事业的具体条件。在西洋社会里，这两种领袖资格是完全分开的。管教者不必管事，管事者不必管教。在中国则不然：中国社会几千年来是政教不分，官师合一的。所以在中国，头等领袖必须兼双层资格。曾国藩虽注重为人，并不忽略作事。这是他的特别的第三点。当时绿营之所以不能打仗，原故虽多，其中之一是待遇太薄。曾氏在起始办团练的时候，就决定每月陆勇发饷四两二钱，水勇发三两六钱，比绿营的饷额加一倍。湘军在待遇上享有特殊权利。湘军作战区域是长江沿岸各省。在此区域内水上的优势很能决定陆上的优势。所以曾国藩自始就注重水师。关于军器，曾氏虽常说打仗在人不在器，然而他对军器的制造，尤其对于大炮的制造，是很费苦心的。他用尽心力去罗致当时的技术人材。他对于兵士的操练也十分认真。他自己常去督察检阅。他不宽纵他的军官，也不要军官宽纵他的部下。

曾国藩的事业，如同他的学问，也是从艰难困苦中奋斗出来的。他要救旧社会旧文化，而那个旧社会旧文化所产生的官僚反要和他捣乱。他要维持大清,但大清反而嫉妒他,排斥他。他在长沙练勇的时候,旧时的官兵恨他的新方法,新标准,几乎把他打死了,他逃到衡州去避乱。他最初的一战是个败仗,他投水自尽,幸而被部下救起来。他练兵打仗,同时他自己去筹饷。以后他成了大事,并不是因为清廷和官僚自动的把政权交给他,是因为他们的失败迫着他们求曾国藩出来任事,迫着他们给他一个作事的机会和权利。

第四节　洪秀全失败

洪秀全得了南京以后,我们更能看出他的真实心志不在建设新国家或新社会,而在建设新朝代。他深居宫中,务求享作皇帝的福,对于政事则不放在心上。宫廷的建筑,宫女的征选,金银的聚敛,官制宫制的规定,这些事情是太平天王所最注意的。他的宗教后来简直变为疯狂的迷信。杨秀清向他报告国事的困难,他回答说:

朕奉上帝圣旨,天兄耶稣圣旨,下凡作天下万国独一真主，何惧之有？不用尔奏，政事不用尔理，欲出外出，欲在京住，由于尔，朕铁桶江山，你不扶，有人扶，尔说无兵，朕之天兵，多过于水，何惧曾妖（国藩）乎？

快要灭亡的时候，南京绝粮，洪秀全令人民饮露充饥，说露是天食。

这样的领袖不但不能复兴民族，且不能作为部下团结的中心。在咸丰六年，洪秀全的左右起了很大的内讧。东王杨秀清个人独掌大权。其他各王都须受东王的节制。照太平天国的仪式，天王称万岁，东王称九千岁，西王八千岁，余递减。别的王都须到东王府请安议事，并须跪呼千岁。在上奏天王的时候，东王立在陛下，其余则跪在陛下，因此杨秀清就为其同辈所愤恨。同时天王也怕他要取而代之。六年九月，北王韦昌辉设计诱杀杨秀清和他的亲属党羽。翼王石达开心怀不平，北王又把翼王家属杀了。天王为联络翼王起见，下令杀北王，但翼王以后还是独树一帜，与天王脱离关系。经过此次的内讧，太平天国打倒清朝的希望完全消灭。以后洪秀全尚能抵抗八年,一则因为北方有大股捻匪作他的声援,二则因为他得了两个后起的良将,忠王李秀成和英王陈玉成。

在清朝方面,等到别人都失败了,然后重用曾国藩,任他为两江总督,节制江、浙、皖、赣四省军事。湖北巡抚胡林翼是与他志同道合的,竭力与他合作。他的亲弟曾国荃是个打硬仗的前线指挥。以后曾国藩举荐他的门生李鸿章作江苏巡抚,他的朋友左宗棠作浙江巡抚。长江的中游和下游都是他的势力范围,他于是得通盘筹划。他对于洪秀全采取大包围的战略。同时英、美、法三国也给了曾、左、李三人不少的帮助。同治三年(一八六四年)湘军在曾国荃领导之下打进南京,洪秀全自杀,太平天国就此亡了。

洪秀全想打倒清朝,恢复汉族的自由,这当然是我们应该佩服的。他想平均地权,虽未实行,也足表现他有相当政治家的眼光。他的运动无疑的是起自民间,连他的宗教,也是迎合民众心理的。但是他的人格上及才能上的缺点很多而且很大。倘若他成了功,他也不能为我民族造幸福。总而言之,太平天国的失败,证明我国旧式的民间运动是不能救国救民族的。

曾国藩所领导的士大夫式的运动又能救国救民族吗？他救了清朝，这是毫无疑问的。但是清朝并不能救中国，倘若他客观的诚实的研究清朝在嘉庆、道光、咸丰三代的施政，他应该知道它是不可救药的。他未尝不知道此中实情，所以他平定太平天国以后，他的态度反趋于消极了。平心而论，曾国藩要救清朝是很自然的，可原谅的。第一，中国的旧礼教既是他的立场，而且士大夫阶级是他的凭依，他不能不忠君。第二，他想清廷经过大患难之后，必能有相当觉悟。事实上同治初年的北京，因为有恭亲王及文祥二人主政，似乎景象一新，颇能有为。所以嘉、道、咸三代虽是多难的时代，同治年间的清朝确有中兴的气象。第三，他怕清朝的灭亡要引起长期的内乱。他是深知中国历史的，我国几千年来，每次换过朝代，总要经过长期的割据和内乱，然后天下得统一和太平。在闭关自守，无外人干涉的时代，内战虽给人民无穷的痛苦，尚不至于亡国。到了十九世纪，有帝国主义者绕环着，长期的内战就能引起亡国之祸，曾国藩所以要维持清朝，最大的理由在此。

在维持清朝作为政治中心的大前提之下，曾国藩的工作分两方面进行。一方面他要革新，那就是说，他要接受西洋文化的一部分；另一方面他要守旧，那就是说，恢复我国固有的美德。革新守旧，同时举行，这是曾国藩对我国近代史的大贡献。我们至今还佩服曾文正公就是因为他有这种伟大的眼光。徒然恢复我国的旧礼教而不接受西洋文化，我们还不能打破我民族的大难关，因为我们绝不能拿礼义廉耻来抵抗帝国主义者的机械军器和机械制造。何况旧礼教本身就有他的不健全的地方，不应完全恢复，也不能完全恢复呢？同时徒然接受西洋文化而不恢复我国固有的美德，我们也不能救国救民族，因为腐化的旧社会和旧官僚根本不能举办事业，无论这个事业是新的，或是旧的。

曾国藩的革命事业，我们留在下一章讨论。他的守旧事业，我们在前一节里，已经说过。现在我们要指出他的守旧事业的流弊。湘军初起的时候，精神纪律均好，战斗力也高。后来人数多了，事业大了，湘军就退化了。收复南京以后，曾自己就承认湘军暮气很深，所以他遣散了好多。足证我国治军的旧法根本是有毛病的。此外湘军既充满了宗族观念和家乡观念，兵士只知道有直接上级长官，不知道有最高统帅，更不知道有国家。某回，曾国荃回家乡去招兵，把原有的部队交曾国藩暂时管带。这些部队就不守规矩。国藩没有法子，只好催国荃赶快回营。所以湘军是私有军队的开始。湘军的精神以后传给李鸿章所部的淮军，而淮军以后又传给袁世凯的北洋军。我们知道民国以来的北洋军阀利用私有的军队，割据国家，阻碍统一。追究其祸根，我们不能不归咎于湘军。于此也可看出旧法子的毛病。

第三章 自强及其失败

第一节 内外合作以求自强

恭亲王及文祥从英法联军的经验，得了三种教训。第一，他们确切的认识西洋的军器和练兵的方法远在我们之上。咸丰十年，担任京津防御者是僧格林沁和胜保。这两人在当时是有名的大将。他们惨败了以后，时人只好承认西洋军队的优胜。第二，恭亲王及文祥发现西洋人不但愿意卖军器给我们，而且愿意把制造军器的秘密及训练军队的方法教给我们。这颇出于时人意料之外。他们认为这是我们自强的机会。第三，恭亲王及文祥发现西洋人并不是他们以先所想象那样，“狼子野心，不守信义”。英法的军队虽然占了北京，并且实力充足，能为所欲为，但《北京条约》订了以后，英法居然依据条约撤退军队，交还首都。时人认为这是了不得的事情，足证西洋人也守信义，所以对付外人并不是全无办法的。

从这三种教训，恭亲王及文祥定了一个新的大政方针，第一，他们决定以夷器和夷法来对付夷人。换句话说，他们觉得中国应该接受西洋文化之军事部分。他们于是买外国军器，请外国教官。他们说，这是中国的自强之道。第二，他们知道自强不是短期内所能成立的。在自强没有达到预期的程度以前，中国应该谨守条约以免战争。恭亲王及文祥都是有血性的人，下了很大的决心要推行他们的新政，在国家危急的时候他胆敢出来与外人周旋，并且专靠外交的运用，他们居然收复了首都。时人认为这是他们的奇功。并且恭亲王是咸丰的亲弟，同治的亲叔。他们的地位是全朝最亲贵的，有了他们的决心和资望，他们在京内成了自强运动的中心。

同时在京外的曾国藩、左宗棠、胡林翼、李鸿章诸人也得着同样的教训，最初使他们注意的是外人所用的轮船，在长江下游私运军火粮食卖给太平军。据说胡林翼在安庆曾有过这样的经验：

驰至江滨，忽见二洋船，鼓轮西上，迅如奔马，疾如飘风，文忠（即胡）变色不语，勒马回营，中途呕血，几至堕马，阎丹初尚书向在文忠幕府，每与文忠论及洋务，文忠辄摇手闭目神色不怡者久之，曰，此非吾辈所能知也。

可见轮船给胡文忠印象之深，曾、左、李大致相同。曾在安庆找了几位明数理的旧学者和铁匠木匠去试造轮船，造成了以后不能行动。左在杭州作了同样的试验，得同样的结果，足证这般人对于西洋机械的注重。

在长江下游作战的时候，太平军和湘军淮军都竞买洋枪。李鸿章设大本营于上海与外人往来最多，认识西洋文化亦比较深切，他的部下还有英国军官戈登（Gordon）统带的长胜军。他到了上海不满一年，就写信给曾国藩说：

鸿章尝往英法提督兵船，见其大炮之精纯，子药之细巧，器械之鲜明,队伍之雄整,实非中国所能及。……深以中国军器远逊外洋为耻,日戒谕将士虚心忍辱,学得西人一二秘法,期有增益……若驻上海久而不能资取洋人长技,咎悔多矣。

同治三年(一八六四年)他又写给恭亲王和文祥说:

鸿章窃以为天下事穷则变,变则通。中国士大夫沉浸于章句小楷之积习,武夫悍卒又多粗蠢而不加细心,以致用非所学,学非所用。无事则斥外国之利器为奇技淫巧,以为不必学,有事则惊外国之利器为变怪神奇,以为不能学。不知洋人视火器为身心性命之学者已数百年。一旦豁然贯通,参阴阳而配造化,实有指挥如意,从心所欲之快。……前者英法各国,以日本为外府,肆意诛求。日本君臣发愤为雄,选宗室及大臣子弟之聪秀者,往西国制器厂师习各艺,又购制器之器,在本国制习。现在已能驾驶轮船,造放炸炮。去年英人虚声恫愒,以兵临之。然英人所恃而为攻战之利者,彼已分擅其长,用是凝然不动,而英人固无如之何也。夫今之日本即明之倭寇也，距西国远而距中国近。我有以自立，则将附丽于我，窥伺西人之短长；我无以自强，则并效尤于彼，分西人之利薮。日本以海外区区小国，尚能及时改辙，知所取法。然则我中国深维穷极而通之故，夫亦可以皇然变计矣。……杜挚有言曰：利不百，不变法。功不十，不易器。苏子瞻曰言之于无事之时，足以为名，而恒苦于不信；言之于有事之时，足以见信，而已苦于无及。鸿章以为中国欲自强则莫如学习外国利器。欲学习外国利器，则莫如觅制器之器，师其法而不必尽用其人。欲觅制器之器，与制器之人，则我专设一科取士，士终身悬以为富贵功名之鹄，则业可成，业可精，而才亦可集。

这封信是中国十九世纪最大的政治家，最具历史价值的一篇文章。我们应该再三诵读。李鸿章第一认定我国到了十九世纪惟有学西洋的科学机械然后能生存。第二，李鸿章在同治三年已经看清中国与日本，孰强孰弱，要看那一国变的快。日本明治维新运动的世界的历史的意义，他一下就看清了，并且大声疾呼的要当时的人猛醒与努力。这一点尤足以表现李鸿章的伟大。第三，李鸿章认定改革要从培养人才下手，所以他要改革前清的科举制度。不但此也；他简直要改革士大夫的人生观。他要士大夫放弃章句小楷之积习，而把科学工程悬为终身富贵的鹄的。因为李鸿章认识时代之清楚，所以他成了同治、光绪年间自强运动的中心人物。

在我们这个社会里，作事极不容易。同治年间起始的自强运动，虽未达到目的，然而能有相当的成绩，已经费了九牛二虎之力。倘若当时没有恭亲王及文祥在京内主持，没有曾国藩、李鸿章、左宗棠在京外推动，那末，英法联军及太平天国以后的中国还要麻木不仁，好像鸦片战争以后的中国一样。所以我们要仔细研究这几位时代领袖人物究竟作了些什么事业。

第二节　步步向前进

自强的事业颇多，我先择其要者列表于下。

咸丰十一年　恭亲王及文祥聘请外国军官训练新军于天津。

同年　恭亲王和文祥设立同文馆于北京。是为中国新学的起始。

同年　恭亲王和文祥托总税司赫德(Robert Hart)购买炮舰,聘请英国海军人员来华创设新水师。

同治二年　李鸿章设外国语文学校于上海。

同治四年　曾国藩、李鸿章设江南机器制造局于上海,附设译书局。

同治五年　左宗棠设造船厂于福州,附设船政学校。

同治九年　李鸿章设机器制造局于天津。

同治十一年　曾国藩、李鸿章挑选学生赴美国留学。

同年　李鸿章设轮船招商局。

光绪元年　李鸿章筹办铁甲兵船。

光绪二年　李鸿章派下级军官赴德学陆军,船政学生赴英、法学习造船和驾船。

光绪六年　李鸿章设水师学堂于天津,设电报局,请修铁道。

光绪七年　李鸿章设开平矿务局。

光绪八年　李鸿章筑旅顺军港,创办上海机器制布厂。

光绪十一年　李鸿章设天津武备学堂。

光绪十三年　李鸿章开办黑龙江漠河金矿。

光绪十四年　李鸿章成立北洋海军。

以上全盘建设事业的动机是国防，故军事建设最多。但我们如仔细研究就知道国防的近代化牵连甚多。近代化的军队第一需要近代化的军器，所以有江南及天津两个机械制造厂的设立。那两个厂实际大部分是兵工厂。第二，新式军器必须有技术人材去驾驶，所以设立武备学堂，和派遣军官出洋留学。第三，近代化的军队必须有近代化的交通，所以有造船厂和电报局的设立，及铁路的建筑。第四，新式的国防比旧式的费用要高几倍。以中古的生产来负担近代的国防是绝对不可能的。所以李鸿章要办招商局，来经营沿江沿海的运输，创立制布厂来挽回权利，开煤矿金矿来增加收入。自强运动的领袖们并不是事前预料到各种需要而定一个建设计划。他们起初只知道国防近代化的必要。但是他们在这条路上前进一步以后，就发现必须再进一步；再进一步以后，又必须更进一步。其实必须走到尽头然后能生效。近代化的国防不但需要近代化的交通、教育、经济，并且须要近代化的政治和国民。

半新半旧是不中用的。换句话说：我国到了近代要图生存非全盘接受西洋文化不可。曾国藩诸人虽向近代化方面走了好几步，但是他们不彻底，仍不能救国救民族。

第三节　前进遇着阻碍

曾国藩及其他自强运动的领袖虽走的路线不错，然而他们不能救国救民族。此其故何在？在于他们的不彻底。他们为什么不彻底呢？一部分因为他们自己不要彻底，大部分因为时代不容许他们彻底。我们试先研究领袖们的短处。

恭亲王奕䜣、文祥、曾国藩、李鸿章、左宗棠这五个大领袖都出身于旧社会，受的是旧教育。他们没有一个人能读外国书，除李鸿章以外，没有一个人到过外国。就是李鸿章的出洋尚在甲午战败以后，他的建设事业已经过去了。这种人能毅然决然推行新事业就了不得，他们不能完全了解西洋文化是自然的，很可原谅的。他们对于西洋的机械是十分佩服的，十分努力要接受的。他们对于西洋的科学也相当尊重，并且知道科学是机械的基础。但是他们自己毫无科学机械的常识，此外更不必说了。他们觉得中国的政治制度及立国精神是至善至美，无须学西洋的。事实上他们的建设事业就遭了旧的制度和旧的精神的阻碍。我们可以拿李鸿章的事业作例子。

李鸿章于同治九年(一千八百七十年)起始作直隶总督兼北洋大臣。因为当时要人之中以他最能对付外人，又因为他比较勇于任事，而且他的淮军是全国最近代化最得力的军队，所以从同治九年到光绪二十年的中日战争李鸿章是那个时代的中心人物。国防的建设全在他手里。他特别注重海军，因为他看清楚了如果中国能战胜日本海军，无论日本陆军如何强，不能进攻高丽，更不能为害中国。那末，李鸿章办海军第一个困难是经费。经费所以困难就是因为中国当时的财政制度，如同一般的政治制度是中古式的。中央政府没有办海军的经费，只好靠各省协济。各省都成见很深，不愿合作。在中央求各省协助的时候各省务求其少；认定了以后，又不能按期十足拨款，总要延期打折扣。其次当时皇室用钱，漫无限制，而且公私不分。同治死了以后，没有继嗣，于是西太后选了一个小孩子作皇帝，年号光绪，而实权还不是在西太后手里。等到光绪快要成年亲政的时候，光绪和他的父亲醇亲王奕譞怕西太后不愿意把政权交出来，醇亲王定计重修颐和园，一则以表示光绪对西太后的孝敬，一则使西太后沉于游乐就不干政了。重修颐和园的经费很大，无法筹备，醇亲王乃请李鸿章设法。李氏不敢得罪醇亲王，更不敢得罪西太后，只好把建设海军的款子移作重修颐和园之用。所以在甲午之战以前的七年，中国海军没有添订过一只新船。在近代政治制度之下，这种事情是不能发生的。

在李鸿章所主持之机关中并没有新式的文官制度和审计制度。就是在极廉洁极严谨的领袖之下，没有良好的制度，贪污尚且无法杜绝，何况李氏本人就不廉洁呢？在海军办军需的人经手的款项既多，发财的机会就更大。到了甲午战争的时候，我们船上的炮虽比日本的大，但炮弹不够，并且子弹所装的不尽是火药。外商与官吏狼狈为奸，私人发了财，国事就败坏了。

李鸿章自己的科学知识的幼稚，也是他的事业失败的原故之一。北洋海军初成立的时候，他请了英国海军有经验的军官作总教官和副司令。光绪十年左右,中国海军纪律很严,操练很勤,技术的进步很快,那时中国的海军是很有希望的。后来李鸿章误听人言,辞退英国海军的军官而聘请德国陆军骑兵的军官来作海军的总教官,以后我国的海军的技术反而退步。并且李鸿章所用的海军总司令是个全不知海军的丁汝昌,丁氏原是淮军带马队的。他作海军的领袖当然只能误事,不能成事。甲午战争的时候,中国海军占世界海军的第八位,日本的海军占第十一位。我们的失败不是因为船不如人,炮不如人,为战略战术不如人。

北洋海军的情形如此,其他的自强事业莫不如此。总之,同治、光绪年间的自强运动所以不能救国,不是因为路线错了,是因为领袖人物还不够新,所以不能彻底。

但是倘若当时的领袖人物更新,更要进一步的接受西洋文化,社会能容许他们吗?社会一定要给他们更大的阻碍。他们所行的那种不彻底的改革已遭一般人的反对,若再进一步,反对一定更大。譬如铁路:光绪六年(一千八百八十年)李鸿章、刘铭传奏请建筑,到了光绪二十年还只建筑天津附近的一小段。为什么呢？因为一般人相信修铁路就破坏风水。又譬如科学：同治五年(一八六六年)恭亲王在同文馆添设科学班，请外国科学家作教授，招收翰林院的人员作学生。他的理由是很充足的。他说买外国轮船枪炮不过一时权宜之计，治本的办法在于自己制造。但是要自己制造，非有科学的人才不可。所以他想请外国人来教中国青年学生科学。他又说：

夫天下之耻，莫耻于不若人。……日本蕞尔小国尚知发愤为雄。独中国狃于因循积习，不思振作，耻孰甚焉？今不以不如人为耻，而独以学其人为耻，将安于不如，而终不学，遂可雪其耻乎？

他虽说的名正言顺，但还有人反对。当时北京有位名高望重的大学士倭仁就大声疾呼的反对说：

窃闻立国之道，尚礼义不尚权谋；根本之图在人心，不在技艺。今求之一艺之末而又奉夷人为师，无论夷人诡谲，未必传其精巧，即使教者诚教，所成就者不过术数之士。古今来未闻有恃术数而能起衰振弱者也。天下之大，不患无才。如以天文算学必须讲习，博采旁求必有精其术者，何必夷人？何必师事夷人？

恭亲王愤慨极了。他回答说：

该大学士既以此举为窒碍，自必别有良图。如果实有妙策，可以制外国而不为外国所制，臣等自当追随大学士之后，竭其梼昧，悉心商办。如别无良策，仅以忠信为甲胄，礼义为干橹等词，谓可折冲樽俎，足以制敌之命，臣等实未敢信。

倭仁不过是守旧的糊涂虫，但是当时的士大夫居然听了他的话，不去投考同文馆的科学班。

同治光绪年间的社会，如何反对新人新政，我们从郭嵩焘的命运可以更加看得清楚。郭氏的教育及出身和当时一般士大夫一样，并无特别，但是咸丰末年英法联军之役，他跟着僧格林沁在大沽口办交涉，有了那次经验，他根本觉悟，知道中国非彻底改革不可。他的觉悟还比恭亲王诸人的更深刻。据他的研究，我们在汉、唐极盛时代固常与外族平等往来；闭关自守而又独自尊大的哲学，是南宋势力衰弱时代的理学先生们提倡出来的，绝不足以为训。同治初年，江西南昌的士大夫群起毁教堂，杀传教士。巡抚沈葆桢（林则徐的女婿）称赞士大夫的正气，郭嵩焘则斥责沈氏顽固。郭氏作广东巡抚的时候，汕头的人，像以先广州人，不许外国人进城。他不顾一切，强迫汕头人遵守条约，许外国人进城。光绪元年云贵总督岑毓英因为反对英国人进云南，秘密在云南缅甸边境上把英国使馆的翻译官杀了。郭嵩焘当即上奏弹劾岑毓英。第二年，政府派他出使英法，中国有公使驻外从他起。他在西欧的时候，他努力研究西洋的政治、经济、社会，他觉得不但西洋的轮船枪炮值得我们学习，就是西洋的政治制度和一般文化都值得学习。他发表了他的日记，送给朋友们看。他常写信给李鸿章，报告日本派到西洋的留学生不限于机械一门，学政治、经济的都有。他劝李鸿章扩大留学范围。他的这些超时代的议论,引起了全国士大夫的谩骂。他们说郭嵩焘是个汉奸,“有二心于英国”。湖南的大学者如王闿运之流撰了一副对子骂他:

出乎其类,拔乎其萃,不容于尧舜之世。

未能事人,焉能事鬼,何必去父母之邦。

王闿运的日记还说:“湖南人至耻与为伍。”郭嵩焘出使两年就回国了。回国的时候,没有问题,他是全国最开明的一个人,他对西洋的认识远在李鸿章之上。但是时人反对他,他以后全无机会作事,只好隐居湖南从事著作。他所著的《养知书屋文集》至今尚有披阅的价值。

继郭嵩焘作驻英法公使的是曾纪泽。他在外国五年多,略识英语。他的才能眼光与郭嵩焘等。因为他运用外交,从俄国收回伊犁,他是国际有名的外交家。他回国的时候抱定志向要推进全民族的近代化。却是他也遭时人的反对,找不着机会作事，不久就气死了。

同光时代的士大夫阶级的守旧既然如此，民众是否比较开通，其实民众和士大夫阶级是同鼻孔出气的。我们近六十年来的新政都是自上而下，并非由下而上。一切新的事业都是由少数先知先觉者提倡，费尽苦心，慢慢的奋斗出来的。在甲午以前这少数先知先觉者都是在朝的人。甲午以后，革新的领袖权慢慢的转到在野的人的手里，却是这些在野的领袖都是知识分子，不是民众。严格说来，民众的迷信是我民族近代接受西洋文化大阻碍之一。

第四节　士大夫轻举妄动

在同治、光绪年间，民众的守旧虽在士大夫阶级之上，但是民众是被动的，领导权统治权是在士大夫阶级手里。不幸，那个时代的士大夫阶级，除极少数外，完全不了解当时的世界大势。

同治共十三年，从一千八百六十二年到一千八百七十四年。在这个时期内，德意志统一了，意大利统一了，美国的中央政府也把南方的独立运动消灭，恢复而又加强美国的统一了。那个时期是民族主义在西洋大成功的时期。这些国家统一了以后，随着就是国内的大建设和经济的大发展。在同治以前，列强在国外行帝国主义的，仅英、俄、法三国。同治以后，加了美、德、意三国。竞争者多了，竞争就愈厉害。并且在同治以前，英国是世界上惟一的工业化国家，全世界都销英国的制造品。同治以后，德、美、法也逐渐工业化，资本化了。国际上除了政治势力的竞争以外，又有了新起的热烈的经济竞争。我国在光绪年间处境的困难远在道光、咸丰年间之上。

帝国主义是我们的大敌人。同治光绪年间如此，现在还是如此。要救国的志士应该人人了解帝国主义的真实性质。帝国主义与资本主义是有关系的。关系可以说有三层：第一，资本主义的国家贪图在外国投资。国内的资本多了，利息就低。譬如：英美两国资本很多，资本家能得百分之四的利息就算很好了。但是如果英美的资本家能把资本投在中国或印度或南美洲，年利很容易达到百分之七或更高些。所以英美资本家竞向未开发的国家投资。但是接受外国来的资本不一定有害，英美的资本家也不一定有政治野心。美国在十九世纪的下半期的建设大部分是利用英国资本举办的。结果英国的资本家固然得了好处，但是美国开辟了富源，其人民所得的好处更多。我们的平汉铁路原是借比国资本建筑的。后来我们按期还本付息，那条铁路就变为我们的了。比国资本家得了好处，我们得了更大的好处。所以孙中山先生虽反对帝国主义，他赞成中国利用外债来建设。但是有些资本家要利用政治的压力去得投资的机会，还有政治野心家要用资本来扩充政治势力。凡是国际投资有政治作用的，就是侵略的，帝国主义的。凡是国际投资无政治作用的，就是纯洁的，投资者与受资者两方均能收益。所以我们对于外国的资本应采的态度如同对水一样，有的时候，有的地方，在某种条件之下，我们应该掘井取水，或开河引水；在别的时候、地方和条件之下，我们则必须筑堤防水。

帝国主义与资本主义的第二层关系是商业的推销。资本主义的国家都利用机械制造。工厂规模愈大，出品愈多，得利就更厚。困难在市场。各国竞争市场原可以专凭商品之精与价格之廉，不必靠武力的侵略或政治的压力。但在十九世纪末年，国际贸易的自由一天少一天。各国不但提高本国的关税，并且提高属地的关税。这样一来，商业的发展随着政权的发展，争市场等于争属地。被压迫的国家，一旦丧失关税自主，就永无发展工业的可能。虽然，国际贸易大部分还是平等国家间之贸易，不是帝国与属地之间的贸易。英国与美、德、法、日诸国的贸易额，远大于英国与其属地的贸易额。英国的属地最多，尚且如此，别国更不必说了。

帝国主义与资本主义的第三层关系是原料的寻求。世界上没有一国完全不靠外来的原料。最富有原料的国家如英、美、俄尚且如此，别的国家所需的外来原料更多。日本及意大利是最穷的。棉、煤、铁、油四种根本的原料，日、意都缺乏。德国较好，但仍不出棉和石油。那末，一国的工厂虽多，倘若没有原料，就会完全没有办法。所以帝国主义者，因为要找工业的原料，就大事侵略。虽然，资本主义不一定要行帝国主义而后始能得到原料。同时，出卖原料者不一定就是受压迫者。譬如：美国的出口货之中，石油和棉花是大宗。日本、德国、意大利从美国输入石油和棉花，不能，也不必行帝国主义，因为美国不但不禁止石油和棉花的出口，且竭力推销。

总之，资本主义可变为帝国主义，也可以不变为帝国主义。未开发的国家容易受资本主义的国家的压迫和侵略，也可以利用外国的资本来开发自己的富源及利用国际的通商来提高人民的生活程度。资本主义如同水一样：水可以资灌溉，可以便利交通，也可以成灾，要看人怎样对付。

同时我们不要把帝国主义看得过于简单，以为世界上没有资本主义就没有帝国主义了。七百年以前的蒙古人还在游牧时代，无资本也无工业，但是他们对我的侵略，还在近代资本主义国家之上。三百年以前的满洲人也是如此。在西洋方面，中古的亚拉伯人以武力推行回教，大行其宗教的帝国主义。十八世纪末年法国革命家以武力强迫外国接受他们的自由平等，大行其革命的帝国主义。据我们所知，历史上各种政体，君主也好，民主也好，各种社会经济制度，资本主义也好，封建主义也好，共产主义也好，都有行帝国主义的可能。

同光时代的士大夫完全不了解时代的危险及国际关系的

运用。他们只知道破坏李鸿章诸人所提倡的自强运动。同时他们又好多事，倘若政府听他们的话，中国几无年无日不与外国打仗。

长江流域有太平天国之乱的时候，北方有捻匪，陕、甘、新疆有回乱，清廷令左宗棠带湘军去收复西北。俄国趁我回乱的机会就占领了伊犁。这是俄国趁火打劫的惯技。在十九世纪，俄国占领我们的土地最多。咸丰末年，俄国趁太平天国之乱及英法联军，强占我国黑龙江以北及乌苏里以东的地方，共三十万方英里。现在俄国的阿穆尔省及滨海省包括海参崴在内，就是那次抢夺过去的。在同治末年，俄国占领新疆西部，清廷提出抗议的时候，俄国又假仁假义的说，他全无领土野心，他只代表我们保守伊犁，等到我们平定回乱的时候。他一定把土地退还给我们。其实俄国预料中国绝不能平定回乱，中国势力绝不能再伸到新疆。那末俄国不但可以并吞伊犁，还可以蚕食全新疆。中国一时没有办法，只好把伊犁作为中俄间的悬案。

左宗棠军事的顺利不但出于俄国意料之外，还出于我们自己的意料之外。他次第把陕西甘肃收复了。到了光绪元年,他准备进攻新疆,军费就成了大问题。从道光三十年洪秀全起兵到光绪元年,二十五年之间,中国无时不在内乱内战之中,实已兵疲力尽,何能再经营新疆呢?并且交通不便,新疆民族复杂,面积浩大,成败似乎毫无把握。于是发生大辩论,左宗棠颇好大喜功,他一意主进攻。他说祖宗所遗留的土地,子孙没有放弃的道理,他又说倘若新疆不保,陕甘就不能保,陕甘不保,山西就不能保,山西不保,河北就不能保。他的理由似乎充足,言论十分激昂。李鸿章的看法正与左的相反。李说自从乾隆年间中国占领新疆以后,中国没有得着丝毫的好处,徒费驻防的兵费。这是实在的情形。他又说中国之大祸不在西北而在东边沿海的各省,因为沿海的省分是中国的精华,而且帝国主义者的压迫在东方的过于在西方的。自从日本维新以后,李鸿章更加焦急。他觉得日本是中国的真敌,因为日本一心一意谋我,他无所图,而且相隔既近,动兵比较容易。至于西洋各国彼此互相牵制,向外发展不限于远东,相隔又远,用兵不能随便。李鸿章因此主张不进攻新疆而集中全国人力物力于沿海的国防及腹地各省的开发。边省虽然要紧，但是腹地倘有损失，国家大势就去了。反过来说，倘若腹地强盛起来，边省及藩属自然的就保存了。左宗棠的言论比较动听，李的比较合理，左是高调，李是低调。士大夫阶级一贯的尚感情，唱高调，当然拥护左宗棠。于是借外债，移用各省的建设费，以供左宗棠进攻新疆之用。

左宗棠的运气真好。因为新疆发生了内讧，并没有遇着坚强的抵抗。光绪三十年底，他把全疆克服了。中国乃派崇厚为特使，到俄国去交涉伊犁的退还。崇厚所定的条约虽收复了伊犁城，但城西的土地几全割让与俄国，南疆及北疆之交通险要区亦割让。此外，崇厚还许了很重要的通商权利，如新疆加设俄国领事馆，经甘肃陕西到汉口的通商路线，及吉林松花江的航行权。士大夫阶级主张杀崇厚，废约，并备战。这正是青年言论家如张之洞、张佩纶、陈宝琛初露头角的时候。清廷竟为所动。于是脚慌手忙，调兵遣将，等到实际备战的时候，政府就感觉困难了：第一，从伊犁到高丽东北角的图们江止，沿中俄的交界线处处都要设防。那里有这么多军队呢？

首当其冲的左宗棠在新疆的部队，就太疲倦，不愿打仗。第二，俄国远东舰队故作声势，从海参崴开到日本洋面。中国因此又必须于沿海沿长江设防。清廷乃起用彭玉麟督长江水师来对付俄国的海军。彭玉麟想满载桐油木柴到日本洋面去施行火攻。两江总督刘坤一和他开玩笑，说时代非三国，统帅非孔明，火攻之计，恐怕不行呢！李鸿章看见书生误国，当然极为愤慨。可是抗战的情绪很高，他不敢公开讲和。他只好使用手段。他把英国有名的军官戈登将军请来作军事顾问。戈登是个老实人，好说实话。当太平天国的末年，他曾带所谓常胜军，立功不少。所以清廷及一般士大夫颇信任他。他的意见怎样呢？他说，中国如要对俄作战，必须作三件事：一、迁都于西安；二、长期抗战至少十年；三、满人预备放弃政权，因为在长期战争之中，清政权一定不能维持。清廷听了戈登的意见以后，乃决心求和。我国近代史的一幕滑稽剧才因此没有开演。

幸而俄国在光绪三四年的时候，正与土耳其打仗，与英国的关系也很紧张，所以不愿多事。又幸而中国当时有青年外交家曾纪泽，以极冷静的头脑和极坚强的意志，去贯彻他的主张。原来崇厚所订的条约并没有奉政府的批准，尚未正式成立，曾纪泽运用外交得法，挽回了大部分的通商权利及土地，但偿价加倍，共九百万卢布。英国驻俄大使称赞曾纪泽说："凭外交从俄国取回她已占领的土地，曾侯要算第一人。"

中俄关于伊犁的冲突告一段落的时候，中法关于越南的冲突就起了。

中国原来自己是个帝国主义，我们的版图除本部以外，还包括缅甸、暹逻、越南、琉球、高丽、蒙古、西藏，这些地方可以分为两类。蒙古、西藏属于第一类，归理藩部管，朝廷派有大臣驻扎其地。第二类即高丽越南等属国，实际中国与他们的关系很浅，他们不过按期朝贡，新王即位须受中国皇帝的策封。此外我们并不派代表常驻其国都，也不干涉他们的内政，在经济方面，我们也十分消极。我们不移民，也不鼓励通商，简直是得不偿失。但是我们的祖先何以费力去得这些属地呢？此中也有原故。光绪七年（一八八一年）翰林院学士周德润先生说得清楚：

> 臣闻天子守在四夷，此诚虑远忧深之计。古来敌国外患，伏之甚微，而蓄之甚早。不守四夷而守边境，则已无及矣；不守边境而守腹地，则更无及矣。我朝幅员广辟，龙沙雁海，尽列藩封。以琉球守东南，以高丽守东北，以蒙古守西北，以越南守西南：非所谓山河带砺，与国同休戚者哉？

换句话说，在历史上属国是我们的国防外线，是代我守门户的。在古代，这种言论有相当的道理；到了近代，局势就大不同了。英国在道光年间直攻了广东、福建、浙江、江苏，英法联军直打进了北京，所谓国防外线简直没有用处。倘使在这种时代我们还要保存外线，我们也应该变更方案。我们应该协助这些弱小国家独立，因为独立的高丽、琉球、越南、缅甸绝不能侵略我们。所怕的不是他们独立，是怕他们作帝国主义者的傀儡。无论如何，外人既直攻我们的腹地，我们无暇去顾外线了。协助这些弱小国家去独立是革命的外交，正如苏联革命的初年，外受列强的压迫，内有反革命的抗战，列宁(Lenin)于是毅然决然放弃帝俄的属国。

法国进攻越南的时候，士大夫阶级大半主张以武力援助越南。张佩纶、陈宝琛、张之洞诸人特别激昂。李鸿章则反对。他的理由又是要集中力量火速筹备腹地的国防事业。清廷一方面怕清议的批评，一方面又怕援助越南引起中法战争，所以举棋不定。起初是暗中接济越南军费和军器，后来果然引起中法战争。那个时候官吏不分文武，文人尤好谈兵。北京乃派主战派的激烈分子张佩纶去守福州船厂。陈宝琛去帮办两江的防务。用不着说，纸上谈兵的先生们是不济事的。法国海军进攻船厂的时候，张佩纶逃得顶快了。陈宝琛在两江不但无补实际，连议论也不发了。打了不久就讲和，和议刚成又打，再后还是接受法国的条件。越南没有保存，我们的国防力量反大受了损失。左宗棠苦心创办的福州船厂就在此时被法国毁了。

第五节　中日初次决战

李鸿章在日本明治维新的初年就看清楚了日本是中国的劲敌。他并且知道中日的胜负要看哪一国的新军备进步的快。他特别注重海军，因为日本必须先在海上得胜，然后能进攻大陆。所以他反对左宗棠以武力收复新疆，反对为伊犁问题与俄国开战，反对为越南问题与法国打仗。他要把这些战费都省下来作为扩充海军之用。他的眼光远在一般人之上。

李鸿章既注重中日关系，不能不特别注意高丽。在国防上高丽的地位极其重要，因为高丽作敌人陆军侵略我东北的根据地，也可以作敌人海军侵略我山东河北的根据地。反过来看，高丽在日本的国防上的地位也很要紧。高丽在我们手里，日本尚感不安，一旦被俄国或英国所占，那时日本所感的威胁就更大了。所以高丽也是日本必争之地。

在光绪初年，高丽的国王李熙年幼，他的父亲大院君李昰应摄政。大院君是个十分守旧的人，他屡次杀传教士，他坚决不与外人通商。在明治维新以前，日韩关系，在日本方面，由幕府主持，由对马岛之诸侯执行。维新以后，大权归日皇，所以日韩的交涉也改由日本中央政府主持。大院君厌恶日本的维新，因而拒绝与新的日本往来。日本国内的旧诸侯武士们提倡“征韩”。这种征韩运动，除了高丽不与日本往来外，还有三个动机：（一）日本不向海外发展不能图强；（二）日本不先下手，西洋各国，尤其是俄国，恐怕要下手；（三）征韩能为一般不得志的武士谋出路。光绪元年（即日本明治八年）发生高丽炮击日本船的案子，所谓江华岛事件。主张征韩者更有所藉口。

当时日本的政治领袖如岩仓、大久保、伊藤、井上诸人原反对征韩。他们以为维新事业未发展到相当程度以前，不应轻举妄动的贪图向外发展。但是在江华岛事件发生以后，他们觉得无法压制舆论，不能不有所主动。于他们一面派黑田青隆及井上率舰队到高丽去交涉通商友好条约，一面派森有礼来北京试探中国的态度，并避免中国的阻抗。

森有礼与我们的外交当局大起辩论。我们始终坚持高丽是我们的属国：如日本侵略高丽，那就是对中国不友谊，中国不能坐视。森有礼则说中国在朝鲜的宗主权是有名无实的，因为中国在高丽不负任何责任，就没有权利。

黑田与井上在高丽的交涉成功。他们所订的条约承认高丽是独立自主的国家。这就是否认中国的宗主权，中国应该抗议，而且设法纠正。但是日本和高丽虽都把条文送给中国，北京没有向日本提出抗议，也没有责备高丽不守本分。中国实为传统观念所误。照中国传统观念，只要高丽承认中国为宗主，那就够了。第三国的承认与否是无关宏旨的。在光绪初年中国在高丽的威信甚高，所以政府很放心，就不注意日韩条约了。

高丽与日本订约的问题过了以后，中日就发生琉球的冲突。琉球自明朝洪武十五年（一三七二年）起隶属于中国。历五百余年，琉球按期进贡，曾未中断，但在明万历三十年（一六〇二年）琉球又向日本萨末诸侯称藩，成了两属，好像一个女子许嫁两个男人。幸而这两个男人曾未遇面，所以这种奇怪现象竟安静无事的存在了二百七十多年。自日本维新，力行废藩以后，琉球在日本看来，既然是萨末的藩属，也在应废之列。日本初则阻止琉球入贡中国，终则改琉球为日本一县。中国当然反对，也有人主张强硬对付日本，但日本实在时候选的好，因为这正是中俄争伊犁的时候。中国无法，只好把琉球作为一个悬案。

可是琉球问题暴露了日本的野心。士大夫平素看不起日本的到这时也知道应该戒备了。日本既能灭琉球，就能灭高丽。琉球或可不争，高丽则势在必争。所以他们专意筹划如何保存高丽。光绪五六年的时候，中国可以说初次有个高丽政策。李鸿章认定日本对高丽有领土野心，西洋各国对高丽则只图通商和传教。在这种形势之下，英、美、法各国在高丽的权利愈多，他们就愈要反对日本的侵略。光绪五年李鸿章写给高丽要人李裕元的信说得很清楚：

为今之计，似宜用以毒攻毒以敌制敌之策，乘机次第与泰西各国立约，藉以牵制日本。彼日本恃其诈力，以鲸吞蚕食为谋，废灭琉球一事，显露端倪。贵国不可无以备之。然日本之所畏服者泰西也。以朝鲜之力制日本或虞其不足，以统与泰西通商制日本，则绰乎有余。

经过三年的劝勉与运动，高丽才接受这种新政。光绪八年春，由中国介绍，高丽与英、美、德、法订通商条约。

高丽不幸忽于此时发生内乱。国王的父亲大院君李昰应一面反对新政，一面忌王后闵氏家族当权。他于光绪八年六月忽然鼓动兵变，围攻日本使馆，诛戮闵族要人。李鸿章的谋士薛福成建议中国火速派兵进高丽，平定内乱，一则以表示中国的宗主权，一则以防日本。中国派吴长庆率所部淮军直入高丽京城。吴长庆的部下有两位青年，张謇和袁世凯。他们胆子很大，高丽的兵也没有抵抗的能力。于是他们把大院君首先执送天津，然后派兵占领汉城险要，几点钟的功夫，就把李昰应的军队打散了。吴长庆这时实际作高丽的主人翁了。后高丽许给日本赔款并许日本使馆保留卫队。这样，中日两国都有军队在高丽京都，形成对峙之势。

八年夏初之季，中国在汉城的胜利，使起许多人轻敌。张謇主张索性灭高丽。张佩纶和邓承修主张李鸿章在烟台设大本营，调集海陆军队，预备向日本宣战。张佩纶说：

日本自改法以来，民恶其上，始则欲复封建，继则欲改民政。萨、长二党争权相倾，国债山积，以纸为币，虽兵制步伍泰西，略得形似，然外无战将，内无谋臣。问其师船则以扶桑一舰为冠，固已铁蚀木窳，不耐风涛，余皆小炮小舟而已，去中国定远铁船、超勇、扬威远甚，问其兵数，则陆军四五万人，水军三四千人，犹且官多缺员，兵多缺额，近始杂募游惰，用充行伍，未经战阵，大半恇怯，又去中国淮湘各军远甚。

邓承修也是这样说：

扶桑片土，不过内地两行省耳。总核内府现银不满五百万两。窘迫如此，何以为国？水师不满八千，船舰半皆朽败，陆军内分六镇，统计水陆不盈四万，而又举非精锐。然彼之敢于悍然不顾者，非不知中国之大也，非不知中国之富且强也，所恃者中国之畏事耳，中国之重发难端耳。

这两位自命为“日本通”者，未免看事太易。李鸿章看的比较清楚。他说：

彼自变法以来,一意媚事西人,无非欲窃其绪余,以为自雄之术。今年遣参议伊藤博文赴欧洲考察民政,复遣有栖川亲王赴俄,又分遣使聘意大利,驻奥匈帝国,冠盖联翩,相望于道,其注意在树交植党。西人亦乐其倾心亲附,每遇中日交涉事件,往往意存袒护。该国洋债既多,设有危急,西人为自保财利起见,或且隐助而护持之。

夫未有谋人之具,而先露谋人之形者,兵家所忌。日本步趋西法,虽仅得形似,而所有船炮略足与我相敌。若必跨海数千里与角胜负,制其死命,臣未敢谓确有把握。

第东征之事不必有,东征之志不可无。中国添练水师,实不容一日稍缓。昔年户部指拨南北洋海防经费,每岁共四百万两。无如指拨之财,非尽有著之款。统计各省关所解南北洋防费,约仅及原拨四分之一。可否请旨敕下户部总理衙门,将南北洋每年所收防费,核明实数,务足原拨四百万两之数。如此则五年之后,南北洋水师两枝当可有成。

这次大辩论终了之后,越南问题又起来了。张佩纶、邓承修诸人忽然忘记了日本，大事运动与法国开战。中、法战事一起，日本的机会就到了。这时高丽的党政军正成对垒之阵。一面有开化党，其领袖即洪英植、金玉均、朴泳孝诸人，其后盾即日本公使竹添进一郎。这一派是亲日的，想借日本之势力以图独立的。对面有事上党，领袖即金允植、闵泳翊、尹泰骏诸人，后盾是袁世凯。这一派是联华的，想托庇于我们的保护之下，以免日本及其他各国的压迫。汉城的军队有中国的驻防军和袁世凯代练的高丽军在一面，对面有日本使馆的卫队及日本军官所练的高丽军。在中法战争未起以前，开化党不能抬头，既起以后，竹添就大活动起来，说中国自顾不暇，那能顾高丽？于是洪英植诸人乃决计大举。

光绪十年十月十七夜，洪英植设宴请外交团及高丽要人。各国代表都到，惟独竹添称病不至。后忽报火警，在座的人就慌乱了。闵泳翊出门，被预埋伏兵士所杀。洪英植跑进王宫，宣称中国兵变，强迫国王移居，并召竹添带日兵进宫保卫。竹添这时不但无病，且亲率队伍入宫。国王到了开化党的手里以后，下诏召事上党领袖。他们一进宫就被杀了。于是宣布独立，派开化党的人组阁。

十月十九日，袁世凯带他所练的高丽兵及中国驻防汉城的军队进宫。中日两方就在高丽王宫里开战了。竹添见不能抵抗，于是撤退。王宫及国王又都到袁世凯手里。洪英植、朴泳孝被乱兵所杀，金玉均随着竹添逃到仁川，后投日本。政权全归事上党及袁世凯，开化党完全打散了。袁世凯这时候尚不满三十，忽当大事，因电报不通无法请示，只好便宜行事。他敢大胆的负起责任，制止对方的阴谋。难怪李鸿章从此看重他，派他作驻高丽的总代表。

竹添是个浪人外交家。他如果没有违反日本政府的意旨，至少他超过了他政府所定的范围。事变以后，日本政府以和平交涉对高丽，亦以和平交涉对中国。光绪十一年春，伊藤与李鸿章订《天津协定》，双方皆撤退驻高丽的军队，但高丽以后如有内乱，中日皆得调兵进高丽。

光绪十一年（一八八五年）英俄两国因为阿富汗的问题，几至开战。他们的冲突波及远东。英国为预防俄国海军从海参崴南下，忽然占领高丽南边之巨磨岛。俄国遂谋占领高丽东北的永兴湾。高丽人见日本不可靠，有与俄国暗通，求俄国保护者。在这种形势之下，英国感觉危险，日本更怕英俄在高丽得势。于是日本、英国都怂恿中国在高丽行积极政策。英国觉得高丽在中国手里与英国全无损害，倘到俄国手里，则不利于英国甚大。日本亦觉得高丽在中国手里他将来还有法子夺取；一旦到了俄国手里，简直是日本的致命之伤。所以这种形势极有利于我们，李鸿章与袁世凯遂大行其积极政策。

从光绪十一年到二十年，中国对高丽的政策完全是李鸿章和袁世凯的政策。他们第一紧紧的把握高丽的财政，高丽想借外债，他们竭力阻止。高丽财政绝无办法的时候，他们令招商局出面借款给高丽。高丽的海关，是由中国海关派员代为管理，简直可说是中国海关的支部。高丽的电报局是中国电报局的技术人员用中国的材料代为设立，代为管理的。高丽派公使到外国去，须先得中国的同意，到了外国以后，高丽的公使必须遵守三种条件：

一、韩使初至各国，应先赴中国使馆具报，请由中国钦差挈同赴外部，以后即不拘定。一、遇有朝会公宴酬酢交际，韩使应随中国钦差之后。一、交涉大事关系紧要者，韩使应先密商中国钦差核示。

这种政策虽提高了中国在高丽的地位，但与光绪五年李鸿章最初所定的高丽政策绝对相反。最初李要高丽多与西洋各国往来，想借西洋的通商和传教的权利来抵制日本的领土野心。此时李、袁所行的政策是中国独占高丽。到了光绪十八九年，日本感觉中国在高丽的权利膨胀过甚，又想与中国对抗。中国既独占高丽的权利，到了危急的时候，当然只有中国独当其冲。

甲午战争直接的起因又是高丽的内乱。光绪二十年（即甲午西历一八九四年）高丽南部有所谓东学党，聚众数千作乱，中日两国同时出兵，中国助平内乱，日本藉口保卫侨民及使馆。但东学党造乱的地方距汉城尚远，该地并无日本侨民，且日本派兵甚多，远超保侨所需之数。李鸿章知道日本另有野心，所以竭力先平东学党之乱，使日本无所藉口。但是内乱平定之后,日本仍不撤兵。日本声言高丽内乱之根在内政之不修明,要求中日两国共同强迫高丽改革内政。李不答应,因为这就是中日共管高丽。

这时日本舆论十分激烈,一意主战。中国舆论也激烈,要求李鸿章火速出兵,先发制人。士大夫觉得高丽绝不可失,因为失高丽就无法保东北。他们以为日本国力甚小:"倭不度德量力,敢与上国抗衡,实以螳臂挡车,以中国临之,直如摧枯拉朽。"李鸿章则觉得一调大兵,则双方势成骑虎,终致欲罢不能。但他对于外交又不让步。他这种军事消极,外交积极的办法,是很奇怪的,他有他的理由。俄国公使喀西尼(Cassini)答应了他,俄国必劝日本撤兵,如日本不听,俄国必用压服的方法。李觉得既有俄国的援助,不必对日本让步。殊不知喀西尼虽愿意给我援助,俄国政府不愿意。原来和战的大问题,不是一个公使所能负责决定的。等到李鸿章发现喀西尼的话不能兑现,中日外交路线已经断了,战事已经起始了。

中日两国同于七月初一宣战。八月十八(阳历九月十七)两国海军在高丽西北鸭绿江口相遇。那一次的海军战争是我民族在这次全面抗战以前最要紧的一个战争。如胜了，高丽可保，东北不致发生问题，而在远东中国要居上日本居下了。所以甲午八月十八的海军之战是个划时代的战争，值得我们研究。那时我国的海军力比日本海军大。我们的占世界海军第八位，日本占第十一位。我们的两个主力舰定远和镇远各七千吨；日本顶大的战舰不过四千吨。但日本的海军也有优点，日本的船比我们快，船上的炮比我们多，而且放的快。我们的船太参差不齐，日本的配合比较合用。所以从物质上说来，两国海军实相差不远。那一次我们失败的原故很多。第一，战略不如人。我方原定舰队排“人”字阵势，由定远、镇远两铁甲船居先，称战斗之主力。海军提督丁汝昌以定远为坐舰，舰长是刘步蟾。丁本是骑兵的军官，不懂海军。他为人忠厚，颇有气节，李鸿章靠他不过作精神上的领导而已。刘步蟾是英国海军学校毕业的学生，学科的成绩确是上等的。而且颇识莎士比亚的戏剧，颇有所谓儒将的风度。丁自认不如刘，所以实际是刘作总指挥。等到两军相望的时候，刘忽下令把“人”字阵完全倒置，定远、镇远两铁甲船居后，两翼的弱小船只反居先。刘实胆怯，倒置的原故想图自全。这样一来阵线乱了，小船的人员都心慌了。而且日本得乘机先攻我们的弱点了。

其次，我们的战术也不及人。当时在定远船上的总炮手英人泰乐尔(Tyler)看见刘步蟾变更阵势，知道形势不好。他先吩咐炮手不要太远就放炮，不要乱放炮，因为船上炮弹不多，必命中而后放。吩咐好了以后，他上望台，站在丁提督旁边，预备帮丁提督指挥。但丁不懂英文泰乐尔不懂中文，两人只好比手势交谈。不久炮手即开火，而第一炮就误中自己的望台，丁受重伤，全战不再指挥，泰乐尔亦受轻伤。日本炮弹的准确远在我们的之上，结果，我海军损失过重，不敢再在海上与日人交锋。日人把握海权，陆军输送得行动自由，我方必须绕道山海关。其实海军失败以后，大事就去了。陆军之败更甚于海军。

次年三月，李鸿章与伊藤订《马关和约》。中国承允高丽独立，割台湾及辽东半岛，赔款二万万两。近代的战争固不是儿戏。不战而求和当然要吃亏，这一次要吃亏的是高丽的共管。但战败以后而求和,吃亏之大远过于不战而和。同治、光绪年间的政治领袖如曾、左、李及恭亲王、文祥诸人原想一面避战,一面竭力以图自强。不幸,时人不许他们,对自强事业则多方掣肘,对邦交则好轻举妄动,结果就是误国。

第四章　瓜分及民族之复兴

第一节　李鸿章引狼入室

甲午战争未起以前及既起以后，李鸿章用各种外交方法，想得西洋各国的援助，但都失败了。国际的关系，不比私人间的关系，是不讲理，不论情的。国家都是自私自利的。利害相同就结合为友，为联盟；利害冲突就成为对敌。各国的外交家都是精于打算盘的。西洋各国原想在远东大大的发展，但在甲午以前，没有积极推动，一则因为他们忙于瓜分非洲；二则因为他们互相牵制各不相下；三则因为在远东尚有中国与日本两个独立国家，具有相当的抵抗能力。在中日战争进行的时候，李鸿章虽千方百计的请求他们的援助，他们总是抱隔岸观火的态度，严守中立。他们觉得中国愈败，愈需要他们的援助，而且愈愿意出代价。同时他们又觉得日本虽打胜仗，战争总要削减日本的力量。在西洋人的眼光里，中日战争，无论谁败，实是两败俱伤的。他们反可坐收渔人之利。所以他们不援助我们于未败之前。

等到《马关条约》一签字，俄、德、法三国就联合起来，强迫日本退还辽东半岛，包括旅顺、大连在内。主动是俄国，德、法不过附和。当时俄国财政部长威特(Witte)正赶修西比利亚铁路，他发现东边的一段，如绕黑龙江的北岸，路线太长，工程太困难，如横过我们的东三省，路线可缩短，工程也容易的多。同时海参崴太偏北，冬季结冰，不便航行。如果俄国能得大连、旅顺，俄国在远东就能有完善的军港和商港。完成西比利亚铁路及得一个不冻冰的海口；这是威特想要乘机而达到的目的。法国当时联俄以对德，俄要法帮忙，法不敢拒绝，何况法国也有野心家想乘机向远东发展呢？德国的算盘打得更精。他想附和俄国，一则可以使俄国知道德国是俄国的朋友，俄国不必联络法国；二则俄国如向远东发展，在欧洲不会多事，德国正好顺风推舟；三则德国也可以向我们索取援助的代价。这是三国干涉《马关和约》实在的动机。

俄、德、法三国的作法是十分冠冕堂皇的。《马关条约》发表以后，他们就向我们表示同情，说条约太无理，他们愿助中国挽回失地的一部分。在我们那时痛恨日本的情绪之下，这种友谊的表示是求之不得的。我们希望三国能把台湾及辽东都替我们收回来。同时三国给与所谓友谊的劝告，说日本之占领辽东半岛不利于远东和平。战后之日本固不敢不依从三国的劝告，于是退还辽东，但加赔款三千万两。中国觉得辽东半岛不止值三千万两，所以我们觉得应感激三国的援助。

《马关条约》原定赔款二万万两，现在又加三千万两，中国当然不能负担。威特一口答应帮我从法、俄银行借一万万两，年息四厘。数目之大，利率之低，诚使我们受宠若惊。俄国真可算是我们的好朋友！

光绪二十二年，一八九六年，俄皇尼古拉二世（Nicholas Ⅱ）行加冕典礼。帝俄政府向我表示：当中俄两国特别要好的时候，中国应该派头等大员去作代表，才算是给朋友面子。中国乃派李鸿章为庆贺加冕大使。这位东方的毕士麦克（即俾斯麦）于是到欧洲去了。威特深知中国的心理，所以他与李鸿章交涉的时候，首言日本之可恶可怕，这是李鸿章愿意听的话，也是全国人士愿意听的话。这种心理的进攻既然顺利，威特乃进一步陈言俄国对我之援助如何是心有余而力不足。他说当中日战争之际，俄国本想参战，但因交通不便，俄军未到而中日战争就完了。以后中国如要俄国给予有力的援助，中国必须使俄国修条铁路横贯东三省。李鸿章并未驳辩威特的理论，但主张在中国境内之铁路段，应由中国自修，威特告以中国人力财力不足，倘自修，则十年尚不能成，将缓不济急。威特最后说，如中国坚拒俄国的好意，俄国就不再助中国了。这一句话把李鸿章吓服了。于是他与威特签定密约，俄许援助中国抵抗日本，中许俄国建筑中东铁路。

光绪二十二年的《中俄密约》是李鸿章终身的大错。甲午战争以后，日本并无于短期内再进攻中国的企图。是时日本政府反转过来想联络中国。因为西洋倘在中国势力太大，是于日本不利的。威特的本意不是要援助中国,是要利用中东铁路来侵略中国的。以后瓜分之祸,及日俄战争,二十一条,九一八这些国难都是那个密约引出来的。

李鸿章离开俄国以后,路过德、法、比、英、美诸国,他在柏林的时候,德国政府试探向他要代索辽东的报酬,他没有答应。德国公使以后又在北京试探,北京也没有答应。光绪二十三年秋,山东曹州杀了两个传教士,德国乘机一面派兵占领青岛,一面要想租借胶州湾及青岛及在山东修铁路和开矿的权。中国于二十四年春答应了。山东就算是德国的利益范围。

俄国看见德国占了便宜,于是调兵船占旅顺、大连。俄国说为维持华北的势力均衡,并为助我的方便,他不能不有旅顺、大连,并且还要修南满铁路。中国也只好答应。我们费三千万赎回来的辽东半岛,这时俄国又夺去了。俄国还说,他是中国惟一的朋友!俄国的外交最阴险:他以助我之名,行侵我之实。以后他在东北既有了中东铁路,南满铁路及大连、旅顺,东三省就成了俄国的势力范围。

于是英国要求租借威海卫和九龙及长江流域的优越权利。法国要求租广州湾及广东、广西、云南的优越权利。日本要求福建的优越权利。意大利要求租浙江的三门湾。除意大利的要求以外，中国都答应了。这就是所谓瓜分。惟独美国没有提出要求，但他运用外交，使各国不完全割据各国所划定的范围，使各国承认各国在中国境内都有平等的通商权利。这就是历史上有名的门户开放主义。

这种瓜分运动就是甲午的败仗引起来的。在近代的世界，败仗是千万不能打的。

第二节　康有为辅助光绪变法

假使我们是甲午到戊戌那个时代的人，眼看见我国的国家被小小的日本打败了，打败了以后又要割地赔款，我们还不激昂慷慨想要救国吗？又假使我们就是那个时代的人，新知识新技术都没有，所能作的仅八股文章，所读过的书，仅中国的经史，我们救国方案还不是离不开我们的经典，免不了作些空泛而动听的文章？假使正在这个时候，我们中间出了一个人提出一个伟大的方案，既合乎古训，又适宜时局，其文章是我们所佩服的，其论调正合乎我们的胃口，那我们还不拥护他吗？康有为就是这时代中的这样的人。

康有为是广东南海县人，生在咸丰五年，一八五五年，比孙中山先生大十一岁。他家好几代都是读书人。他的家教和他的先生朱九江给他的教训，除预备他能应考试，取科名外，特别注重中国政治制度的沿革及一般所谓经世致用之学。他不懂任何外国文字，在戊戌以前，也没有到外国去过。但他到过香港、上海，看见西洋人地方行政的整齐，受了很大的刺激。他觉得这种优美的行政必有文化和思想的背景和渊泉。可惜那个时候国内还没有讨论西洋政治、经济的书籍。康有为所能得的仅江南制造局及教会所译的初级天文、地理、格致、兵法、医药及耶稣教经典一类的书籍。但他是个绝顶聪明的人，“能举一反三，因小以知大，自是于其学力中别开一境界。”

我们已经说过，同光时代李鸿章所领导的自强运动限于物质方面，是很不彻底的。后来梁启超批评他说：

知有兵事而不知有民政，知有外交而不知有内治，知有朝廷而不知有国民，知有洋务而不知有国务，以为吾中国之政教风俗，无一不优于他国，所不及者惟枪耳，炮耳，船耳，机器耳。吾但学此，而洋务之能事毕矣。

这种批评是很对的。可是李鸿章的物质改革已遭时人的反对，倘再进一步的改革政治态度，时人一定不容许他。甲午以后，康有为觉得时机到了。李鸿章所不敢提倡的政治改革，康有为要提倡。这就是所谓变法运动。

我国自秦汉以来，两千多年，只有两个人曾主张变法，一个是王莽，一个是王安石。两个都失败了。王莽尤其成为千古的罪人。所以没有敢谈变法。士大夫阶级都以为法制是祖宗的法制，先圣先贤的法制，历代相传，绝不可变更的。康有为知道非先打破这个思想的难关，变法就无从下手。所以在甲午以前，他写了一篇《孔子改制考》。他说孔子根本是个改革家。孔子作《春秋》的目的就是要改革法制。《春秋》的真义在《公羊传》里可以看出来。《公羊传》讲"通三统"那就是说夏、商、周三代的法制并无沿袭，各代都因时制宜，造出各代的法制。《公羊传》又讲“张三世”，那就是说，以专制政体对乱世，立宪政体对升平之世，共和政体对太平之世。康有为这本书的作用无非是抓住孔子作他思想的傀儡，以便镇压反对变法的士大夫。

康有为在甲午年中了举人，乙未年成了进士。他是那个国难时期的新贵。他就趁机会组织学会，发行报纸来宣传，一时附和的人很不少。大多数并不了解他的学说，也不知道他的改革具体方案，只有极少数可以说是他的忠实同志。但是他的运动盛极一时，好像全国舆论是拥护他的。

孔子是旧中国的思想中心。抓住了孔子，思想之战就成功了。皇帝是旧中国的政治中心。所以康有为的实际政治工作是从抓住皇帝下手。他在严重的国难时期之中，一再上书给光绪皇帝，大讲救国之道。光绪也受了时局的刺激，很想努力救国。他先研究康有为的著作，后召见康有为。他很赏识他，因为种种的困难，只教他在总理衙门行走，戊戌春季的瓜分，更刺激了变法派和光绪帝。于是他又派康有为的四位同志杨锐、刘光第、林旭、谭嗣同在军机处办事。从戊戌四月二十三日到八月初康有为辅助光绪行了百日的维新。

在这百天之内，康有为及其同志推行了不少的新政。其中最要紧的有二件事。第一，以后政府的考试不用八股文，都用政治、经济的策论。换句话说，以后读书人要做官不能靠虚文，必须靠实学。第二，调整行政机构。康有为裁汰了许多无用的衙门和官职，如詹事府，通政司，光禄寺，鸿胪寺，太仆寺，大理寺，以及总督同城的巡抚，不治河的河督，不运粮的粮道，不管盐的盐道。同时他添了一个农工商总局，好像我们现在的经济部，想要推行经济建设。这两件大新政，在我们今日看起来，都是应该早办的，但在戊戌年间，虽然国难那样严重，反对的人居大多数。为什么呢？一句话，打破了他们的饭碗。人人都知道废八股，提倡实学，但数百翰林，数千进士，数万举人，数十万秀才，数百万童生，全国的读书人都觉得前功尽弃。他们费了多少的心血，想从之乎也者里面，升官发财。一旦废八股，他们绝望了。难怪他们要骂康有为洋奴汉奸。至于被裁的官员更不要说，无不切齿痛恨。

康有为既然抓住皇帝来行新政，反对新政的人就包围西太后，求“太后保全，收回成命。”这时光绪虽作皇帝，实权仍在西太后手里。他们两人之间久不和睦。西太后此时想索性废光绪皇帝。新派的人于是求在天津练兵的袁世凯给他们武力的援助。袁世凯嫌他们孟浪，不肯合作，而且泄露他们的机密。西太后先发制人，把光绪囚禁起来，说皇帝有病，不能理事，复由太后临朝训政。康有为逃了，别人也有逃的，也有被西太后处死的。他们的新政完全打消了。

第三节 顽固势力总动员

在戊戌年的变法运动之中，外国人颇偏袒光绪帝及维新派，反对西太后及顽固党。因此一个内政的问题就发生国际关系了。后康有为、梁启超，逃难海外，又得着外国人的保护。他们在逃难之中发起保皇会，鼓动外国人和华侨拥护光绪。这样，西太后和顽固党就恨起洋人来了。西太后要废光绪，立端王载漪的儿子溥俊作皇帝。刚毅、崇绮、徐桐、启秀诸顽固分子想在新王之下操权，于是怂恿废立。但各国驻京公使表示不满意,他们的仇外的心理更进了一层。

顽固党仅靠废立问题还不能号召天下,他们领导的运动所以能扩大,这是因为他们也是爱国分子。自鸦片战争到庚子年,这六十年中所受的压迫,所堆积的愤慨,他们觉得中国应该火速抗战,不然国家就要亡了。我们不要以为顽固分子不爱国,从鸦片战争起,他们是一贯的反对屈服,坚强的主张抗战。在戊戌年,西太后复政以后,她硬不割让三门湾给意大利。她令浙江守土的官吏准备抗战。后意大利居然放弃了他的要求,顽固党更加觉得强硬对付洋人是对的。

外人在中国不但通商占地,还传教。这一层尤其招顽固分子的愤恨。他们觉得孔孟的遗教是圣教,洋人的宗教是异端,是邪教,中国最无知的愚民,都知道孝敬父母,尊顺君师,洋人是无父无君的。几千年来,都是外夷学中国,没有中国学外夷的道理。这种看法在当时是很普遍的。譬如大学士徐桐是大理学家倭仁的门弟子,自己也是个有名的理学家,在当时的人物中,算是一个正派君子。他和他的同志是要保御中国文化而与外人战。他们觉得铲草要除根,排斥异端非尽驱逐洋人不可。

但是中国与日本战尚且打败了，怎能一时与全世界开战呢？顽固分子以为可以靠民众。利用民众或“民心”或“民气”去对外，是林则徐、徐广缙、叶名琛一直到西太后、载漪、刚毅、徐桐传统的法宝。凡是主张剿夷的莫不觉得四万万同胞是有胜无败的。甲午以后，山东正有民间的义和团出现。顽固分子觉得这个义和团正是他们所需要的武力。

义和团（又名义和拳）最初是大刀会，其本质与中国流行民间的各种会匪并无区别。这时的大刀会专以洋人，尤其是传教士为对象，民众对洋人也有多年的积愤。外国传教士免不了偏袒教徒，而教徒有的时候免不了仗洋人的势力欺侮平民。民间许多带宗教性质的庙会敬神，信基督教的人不愿意合作。这也引起教徒与非教徒的冲突。民间尚有种种谣言，说教士来中国的目的不外挖取中国人的心眼以炼药丹，又一说教士窃取婴孩脑髓，室女红丸。民间生活是很痛苦的，于是把一切罪恶都归到洋人身上。洋人，附洋人的中国人，以及与洋人有关的事业如教堂、铁路、电线等，皆在被打倒之列。义和团的人自信有鬼神保佑，洋人的枪炮打不死他们。山东巡抚李秉衡及毓贤前后鼓励他们，因此他们就以扶清灭洋的口号在山东扰乱起来。

己亥年（光绪二十五年，一八九九年）袁世凯作山东巡抚，他就不客气把义和团当作乱民，派兵痛剿。团民在山东站不住，于己亥冬庚子春逃入河北。河北省当局反表示欢迎，所以义和团就在河北得势了。毓贤向载漪、刚毅等大替义和团宣传，说他们如何勇敢，可靠。载漪和刚毅介绍义和团给西太后，于是义和团在北京得势了。西太后及想实行废立的亲贵，顽固的士大夫及顽固爱国志士都与义和团打成一片，精诚团结去灭洋，以为灭了洋人他们各派的公私目的都能达到。庚子年拳匪之乱是我国顽固势力的总动员。

经过四次的御前会议，西太后乃于五月二十五日向各国同时宣战。到七月二十日，董福祥的军队连同几万拳匪，拿着他们的引魂幡，混天大旗，雷火扇，阴阳瓶，九连环，如意钩，火牌，飞剑，及其他法宝，仅杀了一个德国公使，连东交民巷的公使馆都攻不破。同时八国联军由大沽口进攻，占天津，慢慢的逼近北平。于是西太后同光绪帝逃到西安。李鸿章又出来收拾时局。

拳匪之乱的结束是《辛丑条约》，除惩办祸首及道歉外，《辛丑条约》有三个严重的条款。第一，赔款四万万五千万两，分三十九年还清，在未还清以前，按每年四厘加利，总计实九万万八千余万两。俄国的部分最多，（那时中俄尚是联盟国）占百分之二十九，德国次之，占百分之二十，法国占百分之十六弱，英国占百分之十一强，日本与美国各占百分之七强。第二，各国得自北京到山海关沿铁路线驻兵。近来日本增兵平津，就藉口《辛丑条约》。第三，划定并扩大北京的使馆区，且由各国留兵北京以保御使馆。

这种条款，够严重了。但我们所受的损失最大的还不是《辛丑条约》的各款。此外还有东三省的问题。庚子年，俄国趁拳乱派兵占领全东北三省。《辛丑条约》订了以后，俄国不肯退出，反向我要求各种特殊权利。假使中国接受了俄国的要求，东北三省在那个时候就要名存实亡了。张之洞、袁世凯竭力反对接受俄国的条款，日本、英国、美国从旁赞助他们。

李鸿章主张接受俄国的要求，但是幸而他在辛丑的冬天死了，不然东北三省就要在他手里送给俄国了。日本、英国看见形势不好，于壬寅（光绪二十八年）年初，缔结同盟条约来对付俄国。美国虽未加入，但表示好感。中国当时的舆论亦赞助同盟。京师大学堂（以后的北京大学）的教授上书政府，建议中国加入同盟，变为中日英三国的集团来对付俄国。俄国看见国际情形不利于他，乃与中国订约，分三期撤退俄国在东三省的军队。条约虽签字了，俄国以后又中途变计。日本乃出来与俄国交涉。光绪三十年（一千九百零四年）两国交涉失败，就在我们的国土上打起仗来了。

那一次的日俄战争，倘若是俄国全胜了，不但我们的东三省，连高丽都要变为俄国的势力范围；倘若日本彻底的打胜了俄国，那高丽和东北就要变成日本的范围，中国左右是得不了便宜的。幸而事实上日本只局部的打胜了，结果两国讲和的条约仍承认中国在东北的主权，不过划北满为俄国铁路及其他经济事业的范围，南满包括大连、旅顺在内，为日本的范围。这样，日俄形成对峙之势，中国得收些渔人之利。

第四节　孙总理提民族复兴方案

在未述孙中山先生的事业以前,我们试回溯我国近代史的过程。我们说过,我们到了十九世纪遇着空前未有的变局,在十九世纪以前,与我民族竞争的都是文化不及我,基本势力不及我的外族。到了十九世纪,与我抗衡的是几个以科学,机械,及民族主义立国的列强。我们在道光间虽受了重大的打击,我们仍旧不觉悟,不承认国家及民族的危险,因此不图改革,妄费了民族二十年的光阴。直到受了英法联军及太平天国的痛苦,然后有同治初年由奕䜣、文祥、曾国藩、李鸿章、左宗棠领导的自强运动。这个运动就是我国近代史上第一个应付大变局的救国救民族的方案。简单的说,这个方案是要学习运用及制造西洋的军器来对付西洋人。这是一个不彻底的方案,后来又是不彻底的实行。为什么不彻底呢?一则因为提案者对于西洋文化的认识根本有限,二则因为同治光绪年间的政治制度及时代精神不容许自强运动的领袖们前进。同时代的日本采取了同一路线,但是日本的方案比我们的更彻底。日本不但接受了西洋的科学和机械，而且接受了西洋的民族精神及政治制度之一部分。甲午之战是高度西洋化近代化之日本战胜了低度西洋化近代化之中国。

甲午以后，康有为所领导的变法运动是我国近代史上救国救民第二个方案。这个方案的主旨是要变更政治制度，其最后目的是要改君主立宪，以期民族精神及维新事业得在立宪政体之下充分发挥和推进。变法运动无疑的是比自强运动更加西洋化近代化。康有为虽托孔子之名，及皇帝的威严去变法，他依旧失败，因为西太后甘心作顽固势力的中心。满清皇室及士大夫阶级和民间的顽固势力本极雄厚，加上西太后的支助，遂成了一种不可抑遏的反潮。严格说来，拳匪运动可说是我国近代史上第三个救国救民的方案，不过这个方案是反对西洋化、近代化的，与第一第二两个方案是背道而驰的。拳匪的惨败是极自然的。惨败代价之大足证我民族要图生存绝不可以开倒车。

等到自强、变法、反动都失败了，国人然后注意孙中山先生所提出的救国救民的方案。这个方案的伟大与中山先生的少年环境是极有关系的。

中山先生是广东香山县人,生于前清同治五年,西历一千八百六十六年。他的家庭是我国乡下贫苦农夫的家庭,他小的时候,就在田庄上帮助父亲耕种,十三岁,他随长兄德彰先生到檀香山。他在那里进了教会学校。十六岁的时候,他回到广州入博济医学校。次年,他转入香港英国人所设立的医学专科。他在这里读书共十年,于光绪十八年毕业,成医学博士。中法战争的时候,他正十九岁,所受刺激很大。他在学校所结纳的朋友,如郑士良、陈少白、陆皓东等多与秘密反对满清的会党有关。所以在这个时候,他已有了革命的思想。

中山先生的青年生活有几点值得特别注意。第一,他与外人接触最早,十三岁就出国了。他所入的学校全是外国人所设立的学校。他对西洋情形及近代文化的认识远在李鸿章、康有为诸人之上。这是我民族一种大幸事,因为我们既然只能从近代化找出路,我们的领袖人物应该对近代文化有正确深刻的认识。第二,中山先生的教育是科学的教育,而且是长期的。科学的思想方法是近代文化的至宝。但是这种方法不是一两个月的训练班或速成学校所能培养的。我们倘不了解这一点，我们就不能了解为什么中山先生所拟的救国方案能超越别人所提的方案。中山先生的一切方案是具体的，精密的，有步骤的，方方面面都顾到的，因为他的思想是受过长期科学训练的。

光绪十年的中法之战给了中山先生很大的刺激。光绪二十年的中日之战所给的刺激更大。此后他完全放弃行医，专门从事政治。次年，他想袭取广州以为革命的根据地。不幸事泄失败他逃到国外。在檀香山的时候，他组织了兴中会。当时风气未开，清廷监视很严，所以兴中会的宣言不提革命，只说政府腐败，国家危急，爱国志士应该联合起来以图国家的富强。宣言虽是这样的和平，海外侨胞加入兴中会的还是很少。中山先生从檀香山到美国、英国，一面鼓吹革命，一面考察英美的政治。在英国的时候，使馆职员诱他入馆，秘密的把他拘禁起来，想运送回国。幸而得着他的学校教师的援助终得出险，后又赴法。这是中山先生初次在海外逃难的时期，也是他的革命的三民主义初熟的时期。

庚子拳匪作乱的时候，郑士良及史坚如两同志奉中山先生的命令想在广东起事，不幸都失败了。但是庚子年的大悲剧摇动了许多人对满清的信念。留学生到日本去的也大大的加增。从此中山先生的宣传容易的多，信徒加增也很快。日本朋友也有赞助的。到了甲辰年（光绪三十年，西历一千九百零四年，）他在日本组织同盟会，并创办《民报》。这是我民族初次公开的革命团体。《同盟会宣言》及《民报发刊词》是中山先生初次公开的正式的以革命领袖的资格，向全世界发表他的救国救民族的方案。甲辰以后，中山先生尚有二十年的革命工作，对他所拟的方案尚有不少的补充，但他终身所信奉的主义及方略的大纲已在《同盟会宣言》和《民报发刊词》里面立定基础了。

《民报发刊词》说明了三民主义的历史必然性。欧洲罗马帝国灭亡以后，各民族割据其地，慢慢的各养成其各别的语言、文字、风俗、法制。到了近代，各民族遂成了民族国家。但在各国之内王室专制，平民没有参政之权，以致民众受压迫的痛苦。十八世纪末年，十九世纪初年，欧人乃举行民权的革命。在十九世纪,西洋人虽已实行民族主义和民权主义,但社会仍不安。这是因为欧美在十九世纪科学发达,工业进步,社会贫富不均。中国应在工业初起的时候,防患未然,利用科学和工业为全民谋幸福,这就是民生主义,中山先生很激昂的说:

夫欧美社会之祸,伏之数十年,及今而后发见之,又不能使之遽去。吾国治民生主义者,发达最先,睹其祸害于未萌。诚可举政治革命社会革命,毕其功于一役,还视欧美,彼且瞠乎后也。

这是中山先生的爱国热忱和科学训练所创作的救国方案。其思想的伟大是古今无比的。

但是民族主义和民权主义在西洋尚且未实现,以落伍的中国,外受强邻的压迫,内部又满布封建的思想,何能同时推行三民主义呢?这岂不是偏于理想吗?有许多人直到现在还这样的批评中山先生。三十三年以前,当同盟会初组织的时候，就是加盟者大部分也阳奉阴违，口信心不信。反对同盟会的人更加不必说了。他们并不否认三民主义的伟大，他们所犹豫的是三民主义实行的困难。其实中山先生充分的顾到了这层困难。他的革命方略就是他实行三民主义的步骤。同盟会的宣言的下半说明革命应分军法、约法、宪法三时期，就是以后所谓军政、训政、宪政三阶段。一般浅识的人承认军政、宪政之自然，但不了解训政阶段是必要的，万不能免的。中山先生说过：

由军政时期一蹴而至宪政时期，绝不予革命政府以训练人民之时期，又绝不予人民以养成自治能力之时间，于是第一流弊在旧污未由荡涤，新治未由进行；第二流弊在粉饰旧污以为新治；第三流弊在发扬旧民，压抑新治。更端言之，即第一，民治不能实现；第二，为假民治之名行专制之实；第三，则并民治之名而去之矣。此所谓事有必至，理有固然者。

当时在日本与同盟会的《民报》抗争者是君主立宪派的梁

启超所主持的《新民丛报》。梁启超是康有为的门徒，爱国而博学。他反对打倒清朝，反对共和政体。他要维持清室而行君主立宪。所以他在《新民丛报》里再三发表文章攻击中山先生的民族主义和民权主义。他说中国人民程度不够，不能行共和制。如行共和必引起多年的内乱和军阀的割据。他常引中国历史为证：中国每换一次朝代必有长期的内乱。梁启超说，在闭关自守时代，长期的内乱尚不一定要亡国。现在列强虎视，一不小心，我们就可召亡国之祸。民国以来的事实似乎证明了梁启超的学说是对的。其实民国以来的困难都是由于国人不明了因而不接受训政。

孙中山先生的三民主义和革命方略无疑的是我民族惟一复兴的路径。我们不可一误再误了。

第五节 民族扫除复兴的障碍

庚子拳匪之乱以后，全体人民感觉满清是我民族复兴的一种障碍，这种观察是很有根据的。甲午以前，因为西太后要重修颐和园，我国海军有八年之久，不能添造新的军舰。甲午以后，一则因为西太后与光绪帝争权，二则因为满清的亲贵以为维新就是汉人得势，满人失权，西太后和亲贵就煽动全国的一切反动势力来打倒新政。我们固不能说，满人都是守旧的，汉人都是维新的，因为汉人之中，思想腐旧的，也大有人在。事实上，满人居领袖地位，他们一言一动的影响大，而他们中间守旧的成份实在居大多数。并且他们反对维新，就是藉以排汉，所以庚子以后，满清虽逐渐推行新政，汉人始终不信服他们，不认他们是有诚意的。

庚子年的冬天，西太后尚在西安的时候，他就下诏变法。以后在辛丑到甲辰那四年内，他裁汰了好几个无用的衙门，废科举，设学校，练新兵，派学生出洋，许满汉通婚。戊戌年康有为要辅助光绪帝行的新政，这时西太后都行了，而且超过了。日本胜了俄国以后，时人都觉得君主立宪战胜了君主专制。于是在乙巳年（一九〇五年）的夏天，西太后派载泽等五大臣出洋考察各国宪法，表示要预备立宪。丙午、丁未、戊申三年成了官制及法制的大调整时期。

丙午（一九〇六年）九月，厘定中央官制。前清中央主要的机关有内阁、军机处、六部、九卿。所谓九卿，多半是无用的衙门。六部采用委员制，每部有满汉尚书各一，满汉侍郎各二，共六人主政，责任不专，遇事推诿，并且自道、咸以后，各省督抚权大，六部成了审核机关，本身几全不举办事务。军机处是前清中央政府最得力的机关，原是内阁分出来的一个委员会，实际辅佐皇帝处理大政的。自军机处在雍正年间成立以后，内阁变成一种装饰品。丙午年的改革，保存了军机处，此外设立十一部，每部以一个尚书为最高长官。这种改革虽不圆满，比旧制实在是好多了。但十一名尚书发表以后，汉人只占五人，比以前六部满汉各一的比例还差了。所以这种改革，不但未和缓汉人的不平，反加增了革命运动的力量。

丁未年(一九〇七年)清廷决定设资政院于北京，作为中央的民意机关，设谘议局于各省，作为地方的民意机关。戊申年，满清颁布宪法大纲并规定九年为预备立宪时期。如果真要立宪，九年的预备实在还不够，但是因为当时国人对满清全不信任，故反对九年的预备，说满清不过藉预备之名以搁置立宪。

满清在这几年之内，不但借改革以收汉人的政权，并且铁良和良弼想尽了法子把袁世凯的北洋兵权也夺了。等到戊申的秋天，宣统继位，其父载沣作摄政王的时候，第一条命令是罢免袁世凯。此时汉人之中尚忠于清廷而又有政治手腕者，袁世凯要算是第一，载沣还要得罪他，这不是满清自取灭亡吗？

同盟会和其他革命志士看清了满人的把戏，积极的图以武力推倒满清的政权。丙午年，同盟会的会员蔡绍南、刘道一联合湖南和江西交界的秘密会党在浏阳和萍乡起事。他们的宣言明说他们的目的是要打倒清朝，建立民国，平均地权。这是同盟会成立以后第一次的革命，也是三民主义初次充当革命的目标。不幸失败了。同时还有许多革命党员秘密的在武昌及南京的新军之中运动革命，清廷简直是防不胜防。

这时日本政府应满清的请求，强迫孙中山先生离开日本。中山先生乃领导胡汉民、汪精卫等到安南，在河内成立革命中心。他们在丁未年好几次在潮州、惠州、钦州、廉州及镇南关各处起事，戊申年又在河口起事，均归失败。同时江浙人所组织的光复会也积极活动，丁未年五月光复会首领徐锡麟杀安徽巡抚恩铭，此事牵连了他的同志秋瑾，两人终皆遇害。戊申年十月，熊成基带安徽新军一部分突破安庆。他虽失败了，他的行动表示长江一带的新军已受了革命思想的影响。

丁未、戊申两年既受了这许多的挫折，同盟会的多数领袖主张革命策略应该变更。胡汉民当时说过："此后非特暗杀之事不可行，即零星散碎不足制彼虏死命之革命军，亦断不可起。"汪精卫反对此说，他相信革命志士固应有恒德，"担负重任，积劳怨于一躬，百折不挠，以行其志"，但是有些应该有烈德，"猛向前进，一往不返，流血以溉同种"。他和黄复生秘密的进北京，谋刺摄政王载沣。后事不成，被捕下狱。这是庚戌宣统二年的事情。

汪精卫独行其烈德的时候，中山先生和胡汉民、黄兴、赵声正在南洋向华侨募捐，想大规模的有计划的向满清进攻。这是汪精卫所谓恒德。他们于庚戌年十一月在槟榔屿定计划，先占广州，然后北伐，"以黄兴统一军出湖南趋湖北，赵声统一军出江西趋南京"。定了计划以后，他们分途归国。次年,辛亥宣统三年,三月二十九日的黄花岗七十二烈士之役是他们的计划的实现。军事上虽失败了,心理上则大成功,因为革命精神从此深入国民的脑际。

正在这个时候,清廷宣布铁路国有的计划,给了革命党人一个很好的宣传的机会。那时待修的铁路,以粤汉、川汉两路为最急迫,困难在资本的缺乏。四川、湖北、湖南诸省的人民乃组织民营铁路公司,想集民股筑路。其实民间的资本不够,公司的领袖人物也有借公济私的,所以成绩不好,进行很慢。邮传大臣盛宣怀乃奏请借外债修路,把粤汉、川汉两路都收归国有。借外债来建设,本来是一种开明的政策,铁路国有也是不可非议的,不过盛宣怀的官声不好,满清已丧失人心,就是行好政策,人民都不信任。何况民营公司的股东又要损失大利源呢?因以上各种原故,铁路国有的问题就引起多数人的反对,革命党又从中煽动,竟成了大革命的导火线。

同盟会的革命策略,本注重广东,但自黄花岗失败以后,陈其美、宋教仁、谭人凤等就想利用长江流域为革命策源地。他们在上海设立同盟会中部总会。谭人凤特别注重长江中游之两湖。那时湖北新军中的蒋翊武组织文学社于武昌，藉以推动革命。在湖南活动的焦达丰及在湖北活动的孙武和居正，另外组织共进会。这两个团体，虽有同盟会的会员参加，并不是同盟会的支部，而且最初彼此颇有磨擦。经谭人凤调和以后共进会和文学社始合作。

同盟会的首领原来想在长江一带应该有好几年的预备工作，然后可以起事。但四川、湖北、湖南争路的风潮扩大以后，他们就决定在辛亥年（宣统三年，一九一一年）秋天起事。发难的日期原定旧历八月十五日，后因预备不足，改迟十天。却在八月十八日，革命党的机关被巡捕破获，党人名册也被搜去。于是仓卒之间定八月十九即阳历十月十日起事。

辛亥武昌起义的领袖是新军的下级军官熊秉坤。他率队直入武昌，进攻总督衙门。总督瑞澂当即不抵抗出逃，新军统制张彪也跟他逃，于是武昌文武官吏均弃城逃走。武昌便为革命军所据。革命分子临时强迫官阶较高，声望较好的黎元洪作革命军的都督。

武昌起义以后，一个月之内，湖南、陕西、江西、山西、云南、安徽、江苏、贵州、浙江、广西、福建、广东、山东十三省相继宣布独立。并且没有一个地方发生激烈的战争。清朝的灭亡，不是革命军以军力打倒的，是清朝自己瓦解的。各独立省选派代表，制定临时约法，并公举孙中山先生为中华民国的临时总统。我们这个老古的帝国，忽然变为民国了。

满清到了山穷水尽的时候，请袁世凯出来挽回大局。这种临时抱佛脚的办法是不会生效的。袁世凯替清室谋得的不过是退位以后的优待条件，为自己却得了中华民国第一任正式总统的地位。

辛亥革命打倒了清朝，这是革命惟一的成绩。清朝打倒了以后，我们固然扫除了一种民族复兴的障碍，但是等到我们要建设新国家的时候，我们又与民族内在的各种障碍面对面了。

第六节　军阀割据十五年

民国元年的民国有民国必须具备的条件吗？当然没有。在上了轨道的国家，政党的争权绝不使用武力，所以不致引起内战。军队是国家的，不是私人的。军队总服从政府，不问主政者是属于那一党派。但是民国初年，在我们这里，军权就是政权。辛亥的秋天，清室请袁世凯出来主持大政，正因为当时全国最精的北洋军队是忠于袁世凯的。中山先生在民国元年所以把总统的位置让给袁世凯，也与这个原故有关。我们以先说过在太平天国以前，我国并没有私有的军队，有之从湘军起。湘军的组织和精神传给了淮军，淮军又传给北洋军，以致流毒于民国。不过湘军和淮军都随着他们的领袖尽忠于清朝，所以没有引起内乱。到了民国，没有皇帝了，北洋军就转而尽忠于袁世凯。

为什么民国初年的军队不尽忠于民国，不拥护民国的宪法呢？我们老百姓的国民程度是很低的。他们当兵原来不是要保御国家，是要解决个人生计问题的。如不加以训练，他们不知道大忠，那就是忠于国家和忠于主义，只知道小忠，忠于给他们衣食的官长，和忠于他们同乡或同族的领袖。野心家知道我国人民乡族观念之深，从而利用之以达到他们的割据企图。

工商界及学界的人何以不起来反对军阀呢？他们在专制政体下作了几千年的顺民，不知道什么是民权，忽然要他们起来作国家的主人翁，好像一个不会游水的人，要在海洋的大波涛之中去游泳，势非淹死不可，知识阶级的人好像应该能作新国民的模范，其实也不尽然。第一，他们的知识都偏于文字方面。古书愈读的多，思想就愈腐旧，愈糊涂。留学生分散到各国各校各学派，回国以后，他们把万国的学说都带回来了，五花八门，彼此争辩，于是军阀的割据之上又加了思想的分裂。第二，中国的读书人，素以作官为惟一的出路。民国以来，他们中间有不少的人惟恐天下不乱，因为小朝廷愈多，他们作官的机会就愈多。所以知识阶级不但不能制止军阀，有的时候，反助桀为虐。

那末，我们在民国初年绝对没有方法引国家上轨道吗？有的，就是孙中山先生的建国方略和三民主义。中山先生早已知道清朝不是中国复兴惟一的障碍。其他如国民程度之低劣，国民经济之困难，军队之缺乏主义认识，这些他都顾虑到了。所以他把建国的程序分为军政、训政、宪政三个时期，但是时人不信他，因为他们不了解他的思想。他们以为清朝是我们惟一的障碍，清朝扫除了，中国就可以从几千年的专制一跃而达到宪政。这样，他们正替军阀开了方便之门。这就是古人所谓“欲速则不达”。在民国初年，不但一般人不了解中山先生的思想，即同盟会的会员，了解的也很少。中山先生并没有健全的革命党作他的后盾。至于革命军更谈不到。当时军队的政治认识仅限于排满一点，此外都是些封建思想和习惯，只够作反动者的工具。中山先生既然没有健全的革命党和健全的革命军帮他推动他的救国救民族的方案，他就毅然决然让位与袁世凯，一方面希望袁世凯能不为大恶，同时他自己以在野的资格，努力造党和建设。

假使我民族不是遇着帝国主义压迫的空前大难关，以一个曹操、司马懿之流的袁世凯当国主，树立一个新朝代，那我们也可马虎下去了。但是我们在二十世纪，所须要的，是一个认识新时代而又能领导我们向近代化那条路走的伟大领袖。袁世凯绝不是个这样的人。他不过是我国旧环境产生的一个超等的大政客。在他的任内，他借了一批大外债，用暗杀的手段除了他的大政敌宋教仁，扩充了北洋军队的势力，与日本订了民国四年的条约，最后听了一群小人的话，幻想称帝。等到他于民国五年六月六日死的时候，他没有做一件于国有益，于己有光的事情。

袁死了以后，靠利禄结合的北洋军队当然四分五裂了。大小军阀，遍地皆是。他们混打了十年。他们都是些小袁世凯。到了民国十五年的夏季，中国的政治地图分割到什么样子呢？第一，东北四省和河北、山东属于北洋军阀奉系的巨头张作霖。他在北京自称大元帅，算是中华民国的元首。第二，长江下游的江、浙、皖、闽、赣五省是北洋军阀直系孙传芳的势力范围。孙氏原来是吴佩孚的部下，不过到了民国十五年，孙氏已羽翼丰满，不再居吴佩孚之下了。第三，湖北同河南仍属于直系巨头曾拥戴曹琨为总统的吴佩孚。第四，山西仍属于北洋之附庸而保持独立而专事地方建设之阎锡山。第五，西北算是吴佩孚的旧部下而倾向革命之冯玉祥的势力范围。第六，西南的四川、云南、贵州，属于一群内不能统一，外不能左右大局的军阀。第七，广东、广西、湖南三省是革命军的策源地。从元年到十五年,我们这个国家的演化达到了这种田地。

第七节 贯彻总理的遗教

民国十五年七月九日,国民革命军誓师北伐。这是中华民国历史上的大分水界。前此我们虽有革命志士,但没有健全的,有纪律的,笃信主义的政党;前此我们虽有军队参加革命,但没有革命军。此后就大不同了。我们如要了解民国十五年北伐誓师为什么是个划时代的史实,我们必须补述孙中山先生末年的奋斗。

我们已经说过,中山先生在辛亥革命以前宣布了他的革命方略,分革命的过程为军政、训政、宪政三个阶段。用不着说,军政是一个信服三民主义的革命军对封建势力的扫荡和肃清,训政是一个信服三民主义的革命党猛进的缔造宪政所必须的物质及精神条件。民国初年,这样的革命军和革命党都不存在,军阀得乘机而起,陷民国于长期的内乱,人民所受的痛苦,反过于在清朝专制之下所受的。中山先生于是更信他的革命方略是对的。民国三年,他制定革命党党章的时候,他把一党专政及服从党魁的精神大大的加强。民国七年，俄国革命，虽遇着国内国外反动势力的夹攻，终成功了。中山先生考察俄国革命党的组织，发现其根本纲领竟与他多年所提倡的大同小异。原来俄国也是个政治经济落后的国家，俄国的问题也是火速的近代化。在十九世纪，俄国没有赶上时代的潮流，因此在上次的欧洲大战，俄国以二十倍德国的领土，两倍德国的人口，尚不能对付德国二分之一的武力。俄国的革命方略，在这种状况之下当然可供我们的参考。难怪中山先生虽知道中山主义与列宁主义有大不同之点，早就承认列宁是他的同志。

在苏联革命的初年，为抵抗帝国主义起见，列宁亦乐与我们携手。民国十二年正月二十六日，中山先生与列宁的代表越飞(Joffe)共同发表宣言，声明两国在各行其主义的条件之下，共同合作。十二年夏，中山先生派蒋介石赴俄，考察红军和共产党的组织。是年冬，苏联派遣鲍罗廷来华作顾问。十三年初，中山先生召开全国代表大会于广州，彻底的改组国民党，并决定联俄容共。同时蒋介石从俄回国。中山先生就请他创办黄埔军官学校。中山先生对黄埔军校是抱无穷希望的。在开学的那一天，中山先生说过：

今天开这个学校的希望，就是要从今天起，把革命的事业，从新创造，要这学校的学生来做根本，成立革命军。诸位学生，就是将来革命军的骨干。

十四年是革命策源地的两广的大调整时期。陈炯明勾结杨希闵、刘震寰以图消灭新起的革命势力。于是有两次的东征，然后广东得以肃清。同时革命政府协助了李宗仁、黄绍竑肃清广西。

不幸在这年的春天，三月十二日，中山先生在北平逝世了。

目前的困难是一切民族在建国的过程中所不能避免的。只要我们谨守中山先生的遗教，我们必能找到光明的出路。